漢帝国成立前史

秦末反乱と楚漢戦争

柴田　昇　著

白帝社

漢帝国成立前史　秦末反乱と楚漢戦争

目次

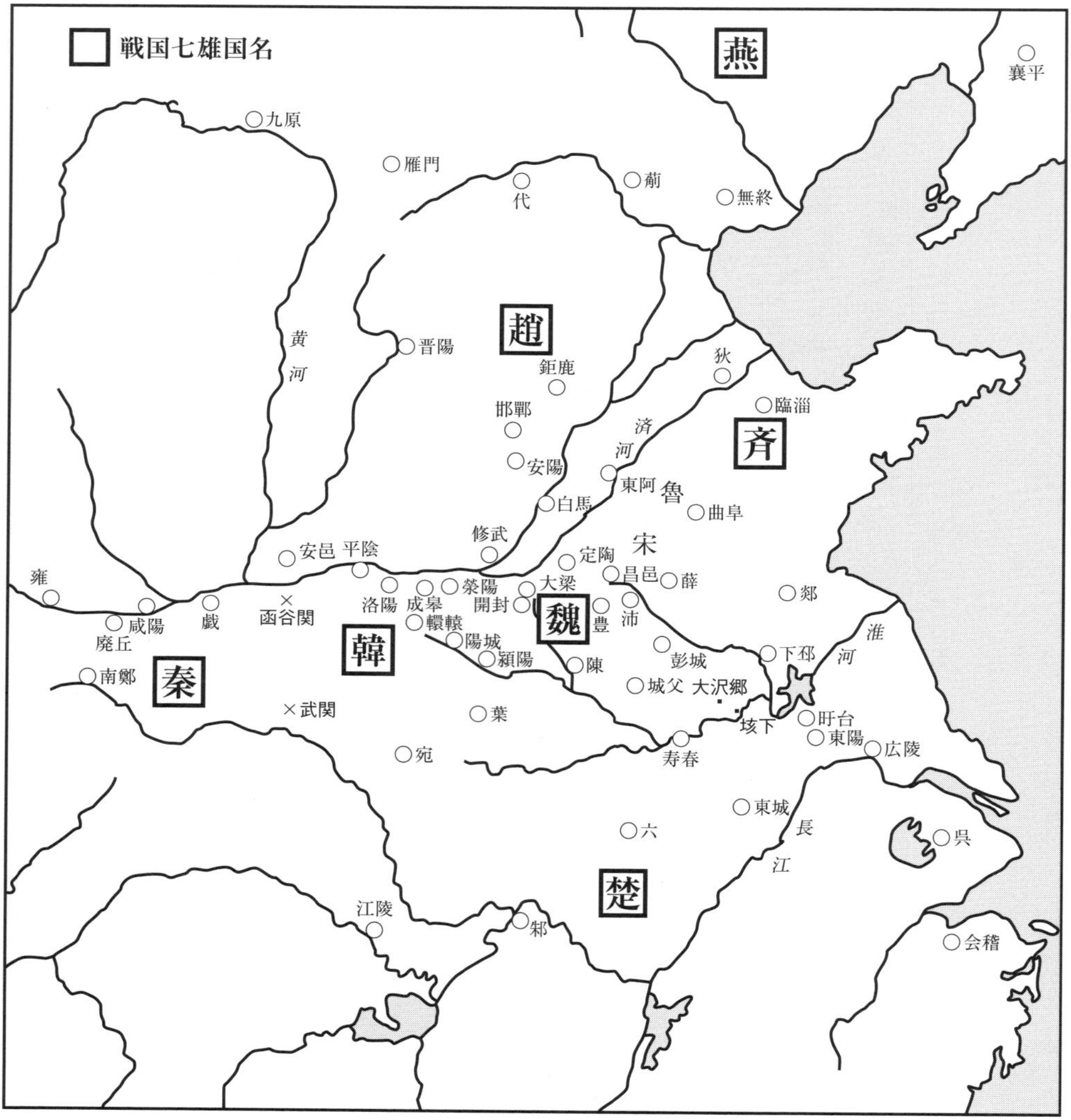

秦末楚漢戦争期関連地図

序章

本書で取り扱う主要な対象は、秦二世元年七月（前二〇九年）から漢五年二月（前二〇二年）までのごく限られた期間の中国である。

この時期には、中華世界の最初の統一者たる秦の始皇帝の崩御を契機として、陳勝呉広の乱をはじめとする多くの反乱が発生した。その中で秦に滅ぼされていた戦国諸国が復活し、陳勝死後には楚懐王配下の項羽によって秦帝国が滅亡に追い込まれた。秦帝国の滅亡後には、項羽による楚懐王の義帝への格上げと十八王の分封が行われた。しかし項羽の封建体制もごく短い期間で崩壊する。義帝死後は、西楚覇王項羽・漢王劉邦らによって五年にわたる楚漢戦争が戦われ、最終的には劉邦が皇帝に即位し、以後約四百年続く漢王朝が成立することになる。以上のように、この時期の政治情勢はめまぐるしい変転を見せており、そのような激しい戦乱の中から秦帝国を克服・継承する新しい王朝—漢王朝—が生み出される。そして漢王朝は、実質的な統一国家たるに至る長い成熟過程を経て、以後の中華帝国の原型となっていくのである。

またこの時代は「項羽と劉邦」の時代として知られ、しばしばフィクションの素材としても取り上げられてきた。この時代の出来事に対してはかなり早い段階から伝説化・物語化が進行しており、我々の抱く歴史像も多くの先入観に規定されている。本書の主要な課題は、周知の史料の読み直しによって、秦末楚漢戦争史像を構成し直すことである。以下、本書の内容を章ごとに概観することで序章に代えたい。

伝統的には極端な法家主義による圧政・暴政の面から語られ続けてきた秦帝国は、近年の研究の深化により多様な地域の統合体としての統一国家という新たな相貌を現しつつある。第一章では近年の研究成果を踏まえて、秦帝国の特質と帝国支配下に沈潜していた反乱の場・主体について概観する。

秦末反乱の口火を切った陳勝集団は従来、秦末反乱諸集団の盟主ととらえられることが多かった。しかし秦末反乱の背景には、秦帝国による支配の粗放性及び地域に根ざした多様な集団の存在があり、陳勝集団は反乱が大規模化するきっかけを作ったものだったとしても、反乱全体の盟主と考えるのは不適当である。第二章では、陳勝呉広の乱の展開過程を再検討し、そこから見出される秦末旧六国領域の地域的特質に関する仮説を提示する。第一章・第二章は、民衆反乱のあり方・展開過程の具体像から当該期の政治・社会の特性を照射する試みである。

本書で取り扱う時代の歴史的過程を理解するための基本資料は『史記』である。第三章では、項羽本紀を主要な素材として、高祖本紀と比較することで項羽と劉邦に関して述べる際の『史記』本紀の叙述傾向を明らかにする。第三章の検討により、『史記』が構想した歴史像の一面が見出され、『史記』が項羽と劉邦を主役化する視点から本紀を構成し、項羽が歴史上果たした役割に特別な意味を与えようとしたことが示される。

第四・五章では項羽集団・劉邦集団に関する諸問題を扱う。項羽は楚の将軍として秦を滅亡させ天下を実質的に統一したとされ、項羽の分封が漢初郡国制の原型となったとの理解もある。しかし項羽の分封が十全に実現した期間はほとんどなく、十八王分封の意図・実像についても通説と異なる解釈が可能だろう。

また劉邦は楚懐王の約を受けて西進し関中平定の先駆けとなったが、項羽の分封においては秦地の一部を領有とする王となるにとどまった。そして項羽はなぜ最終的に天下を取れなかったのか、なぜ劉邦は天下統一をなし得たのかといった問いは古来しばしばなされてきた。しかし現時点ではこのような問いの立て方自体がもはや有効ではない。そもそも「統一」という現象自体に様々なあり方があって、漢の統一について、どのような過程を経てどのような形態・性格の統一がなされたかをあらためて問う段階に入っている。

以上のような立場から、第四章では項梁集団の初発から滅秦を経ての項羽による十八王の分封、項羽政権の成立に至るまでの過程を、第五章では劉邦集団の成立から楚軍への合流、関中への侵入をへて劉邦が漢王となるまでの過程を再構成する。この二つの章は、陳勝政権期～十八王封建期までの歴史的過程を相補い合う二つの視点から検討したものということになる。

第六章では、項羽による十八王封建の発動から劉邦の皇帝即位直前までの、いわゆる楚漢戦争期の過程について再検討する。そして、楚漢戦争期に発生した具体的な政治的事象の積み重ねの上に劉邦の皇帝即位を可能とした要因を見出し、劉邦即位時点における漢帝国の性格について述べる。

ここまでの議論を踏まえて終章では、本書の結論を提示し、本書で扱ってきた過程を経て成立した漢王朝が以後選択していく政治方針について若干の見通しを提示する。

第一章　秦末反乱の背景と基盤

はじめに

秦王政の二十六年（紀元前二二一）、秦は斉を滅ぼした。これによって秦の天下統一が成し遂げられ、いわゆるファーストエンペラーの時代が始まった。しかし統一秦帝国はわずか十五年しか続かなかった。

秦帝国の統一支配については、強大な皇帝権力による民衆支配と厳格な法治主義がしばしば指摘される。しかし、始皇帝の権力がどれほど強大だったとしても、そのことは必ずしも秦帝国が高密度の領域支配を実現していたことには結びつかない。秦末の陳勝呉広の乱が短期間で帝国の滅亡に帰結するようなインパクトを示し得たことは、反乱の背後にそれに共振した民衆的基盤・社会的背景があった可能性を示唆するものである。

戦国〜統一期の秦に関しては睡虎地秦簡をはじめとする相当数の出土資料が公表されており、かつては漢代史の前史としてごく概括的にしか扱い得なかった秦代史について、秦帝国の支配理念と社会的実態を区分して論じることをある程度可能としている(1)。秦末の動乱期に関する具体的検討に入る前に本章では、まず秦帝国の支配体制の特質について理念と実態の両面から概観する。そして、秦末に爆発する民衆反乱を抵抗の場、抵抗の担い手という二つの方向から検討し、秦末期の反秦抵抗運動と秦末楚漢戦争期の政治的過程を再構成するための前提としたい。

第一節　秦帝国支配の特質

1　統一の理念

（1）「泰皇」と「皇帝」

『史記』秦始皇本紀によれば、六国を滅亡させ天下を平定した秦王政は臣下に、王者にふさわしい称号について議論させている。それに対して丞相たちは次のように具申した。

「古の五帝の地は方千里、その外の侯服夷服の諸侯は、朝見する者もいればしない者もあり、天子はそれを制御できませんでした。いま陛下は義兵を興し、残賊を誅し、天下を平定し、海内は郡県となり、法令は一統となり、これは上古以来未だかつてないことで、五帝も及ばぬ所です。博士たちと合議したところ、古には天皇・地皇・泰皇があり泰皇が最も尊貴だったとのこと。尊号を奉るに、王は泰皇と称されますよう。命は制とし、令は詔とし、天子の自称は朕とされますよう」。王は言った。「泰の字を取り、皇を残して、上古の帝位の号を採って、皇帝と号することにする。それ以外は意見の如くせよ」。

昔者五帝地方千里、其外侯服夷服、諸侯或朝或否、天子不能制。今陛下興義兵、誅残賊、平定天下、海内為郡県、法令由一統、自上古以來未嘗有、五帝所不及。臣等謹与博士議曰、古有天皇、有地皇、有泰皇、泰皇最貴。臣等昧死上尊号、王為泰皇。命為制、令為詔、天子自称曰朕。王曰、去泰、著皇、采上古帝位号、号曰皇帝。他如議。

古の三皇のうち最も高貴な王者の名を取って「泰皇」と称するようにとの丞相王綰らの意見を受けて、秦王政は「泰」字を取って「皇帝」とすることを決めたという。(2) 秦王が臣下の意見を修正したのは、秦王が検討を命じたのがそもそも「帝」号だったことによる。

ここで臣下の提案した「泰皇」は、戦国期の「帝」と異なり、他の王の存在を前提としていない。戦国期の帝号は他の王を圧する領域を保有し他国を従える覇者的存在に対する称号だった。戦国時代後期には既に「西帝」「東帝」などが称された例があり、(3)「帝」号は通常の王を越えた称号として議論の対象になっていた。また、後の例だが楚漢戦争期の「義帝」も同様に独立性を持った諸王の上に位置する者を意味している。

これに対して「泰皇」は、他の王が消滅し海内が全て「郡県」となったところで、盟主的性格を全く持たない王者にふさわしい称号として提案された。秦王政はそれを「皇帝」に改めたが、その点以外については臣下の意見に従っており、「皇帝」も「泰皇」と同様に王者としての唯一性を含意する称号と見てよい。

この議論に続いて、皇帝となった秦王政は次のような決定を行っている。

制して言った。「朕が聞くところでは太古には号のみあって諡はなく、中古には号があり、死後には生前の行いを以て諡としたという。これは子が父を評し臣下が君主を評することで、そのようなことをする謂れはなく、朕はこれを採らない。これより後は諡法を撤廃する。朕は始皇帝となる。これより後は計り数えて、二世三世から万世に至るまで、これを無限に伝えることとする」。

制曰、朕聞太古有号毋諡、中古有号、死而以行為諡。如此、則子議父、臣議君也、甚無謂、朕弗取焉。自今已來、除諡法。朕為始皇帝。後世以計数、二世三世至於万世、伝之無窮。

始皇帝は諡号を廃止した。太古には子が親を評することになる諡号などと言うものはなく、それはより新しい時代に始められたものだというのである。その結果、秦の皇帝号は始皇帝、二世皇帝、三世皇帝というふうに代々永続するものとされた。

始皇帝は、博士たちが「泰皇」の号を過去の例を根拠に提案したのと同様に、太古の事例を根拠に「皇帝」の性格を確定しようとした。そしてその結果、皇帝は子孫を含めた他者による評価の許されない、永続的な唯一の王統たるべきことが要請されることになった。「泰皇」そして「皇帝」は、秦帝国の政治的最上層部によって、古の事例を参照しつつ、地上世界を支配する唯一の王者の称号として発想されたのである。

(2) 全国郡県化

秦王の皇帝就位後、中国全土の郡県化が断行された。秦始皇本紀には、郡県制施行に関する統一初期の議論が記録されている。

丞相王綰らは言った。「諸侯は破られたばかりで、燕・斉・荊の地は遠く、王を置かねばこれらの地は治まりません。諸皇子を立てること、どうかお許しください」。始皇帝はそれについて群臣に議論させ、群臣は皆それを便とした。これに対して廷尉李斯は言った。「周の文王・武王は子弟同姓を多く封じましたが、時がたち疎遠になるとそれらは仇敵の如く互いに攻撃しあい、諸侯は互いに争い、周の天子はそれを禁止できませんでした。いま海内は陛下の神霊により統一され、みな郡県となり、諸子功臣は公の賦税で重賞を賜ればそれで十分満足し制しやすくなりましょう。天下に異心無く、これこそが安寧の術であります。諸侯をおくのは不適切です」。始皇帝は言った。「天下が止まざる戦にともに苦しんだのは侯王が存在したが故である。宗廟の加護により天下は初めて平定されたのに、あらためて国を建てるのは戦のもとを作るようなもので、それで安寧休息を求めるのは難しかろう。廷尉の意見を是とする」。天下を分けて三十六郡とし、郡には守・尉・監を置いた。

丞相綰等言、諸侯初破、燕・齊・荊地遠、不為置王、毋以填之。請立諸子、唯上幸許。始皇下其議於群臣、群臣皆以為便。廷尉李斯議曰、周文武所封子弟同姓甚衆、然後属疏遠、相攻撃如仇讎、諸侯更相誅伐、周天子弗能禁止。今海内頼陛下神霊一統、皆為郡県、諸子功臣以公賦税重賞賜之、甚足易制。天下無異意、則安寧之術也。置諸侯不便。始皇曰、天下共苦戦闘不休、以有侯王。頼宗廟、天下初定、又復立国、是樹兵也、而求其寧息、豈不難哉。廷尉議是。分天下以為三十六郡、郡置守・尉・監。

秦初には、秦王一族を王として各地に置くべきとの意見とそれに反対する意見があった。それに対して始皇帝は、各地に国を建て王を置くことはようやく平和になった世に改めて紛争の種をまくことに等しいとの自らの立場を示した。その結果、秦はあらためて天下を三十六の郡に分割した(4)。

しかし始皇帝による明確な判断にもかかわらず、この議論は始皇三十四年に再燃する。咸陽宮での宴会で僕射周青臣は、天下を平定し諸侯を郡県とした始皇帝の業績を上古以来及ぶ者なしと讃えた。これに対して博士淳于越は次のように反論した。

「私の聞くところでは殷周の王は千年以上続き、子弟功臣を封じて、自らの輔佐としたとのこと。いま陛下は海内を有されても子弟は匹夫となるばかりで、にわかに田常・六卿の如き逆臣が現れても、輔弼する者がなければどうして相救い合うことができましょう。古を師とせずに長久を得た者を、聞いたことがありません。……」。

臣聞殷周之王千余歳、封子弟功臣、自為枝輔。今陛下有海内、而子弟為匹夫、卒有田常・六卿之臣、無輔拂、何以相救哉。事不師古而能長久者、非所聞也。……

これについて始皇帝は臣下に協議を命じ、最終的に採用されたのは丞相李斯の次のような意見だった。

「五帝は同じ政治を繰り返さず、三代は前代の政治を踏襲せず、それぞれの仕方で治めていました。それぞれの政治が相反していたわけではなく、時代が異なっていたのです。いま陛下が大業を創始され万世に伝えられる功績を立てられたことは、もとより愚儒の知る所ではありません。また淳于越の言は三代のこと、どうして法るに足りましょう。……古は天下散り散りで一つにならず、そこで諸侯が並立し、皆が古を語って今を誹り、虚言を飾って実を乱し、各々自らの学を善として上の定めたところを非としたのです。いま陛下は天下を併合し、是非を区別して一尊を定められました。しかし私学して法教を誹る者どもは、法令が出ると聞けば各々自らの学にてそれを評し、官の前では心中で非とし、官府を出ればおおっぴらに議論し、君主に対して自説を誇ることを名誉とし、異説を語ることを高尚と考え、衆を率いて誹謗するのです。……。私は史官の蔵する書物のうち秦記以外はみな焼くべきと考えます。博士官が所蔵するもの以外、天下の敢えて詩・書・百家の語を保有するものは、尽く守・尉に差し出させまとめてこれを焼きます。敢えて詩・書を論じあう者は棄死とし、古を以て今を誹る者は族刑とします。吏の見て見ぬふりする者も同罪です。……」

五帝不相復、三代不相襲、各以治。非其相反、時変異也。今陛下創大業、建万世之功、固非愚儒所知。且越言乃三代之事、何足法也。……古者天下散乱、莫之能一、是以諸侯並作、語皆道古以害今、飾虚言以乱實、人善其所私学、以非上之所建立。今皇帝并有天下、別黒白而定一尊。私学而相与非法教、人聞令下、則各以其学議之、入則心非、出則巷議、夸主以為名、異取以為高、率群下以造謗。……臣請史官非秦記皆焼之。非博士官所職、天下敢有藏詩・書・百家語者、悉詣守・尉雜焼之。有敢偶語詩書者棄市、以古非今者族。吏見知不挙者与同罪。……

李斯は五帝三代の政治を踏襲する必然性を否定し、古を学ぶ者は異説を立て世を乱すとの認識を披歴する。ここで想起されるのは、李斯が統一初期の議論でも、侯王の存在こそが天下の乱れの本で天下に異心なきことこそが安寧の術との認識を示していることである。李斯は二つの議論において一貫して、天下がただ一人の王者の下で唯一の価値観にもとづいて動くことこそ体制維持の最上の手段という認識を表明し続けている。

この始皇三十四年の議論によって王を各地に封じる体制が改めて否定され、いわゆる焚書が実行された。上述の論争は、この時期までの秦に各地に王を立てることを支持する勢力が少なからず存在し、それらがある程度の発言権を持っていたことを示す。これに対する李斯の言は「天下に異意なき」状況を生み出すための具体的方策を述べるものである。そしてそれを帝国の方針として最終的に決定したのは、始皇帝自身の意志に他ならない。始皇帝即位時に決定され始皇三十四年の議論で再確認されたのは、旧七国領域内において他国の存立を認めないただ一つの国が唯一の王者たる皇帝によって運営される、唯一性を中核的理念とする体制だったといえよう。

後年の始皇帝による不老不死の探求もその延長線上に把握されるだろう。始皇帝の三十五年、始皇帝は自称を「朕」から「真人」に改め、帝国の永遠の支配者たることを望んだという。秦という国の唯一性、皇帝という政治的意志決定主体の唯一性の理念は、晩年に至って始皇帝という個人の存在自体の唯一性へと転化したのである。

2　統一の実像

二〇〇二年に発見された里耶秦簡「詔書版（更名扁書）」は、秦が統一前後に多くの用語改定を行ったことを伝える。[5] そこには統一前の制度を統一後どのように変更するかが明記され、王の「命」「令」を皇帝の「制」「詔」に改める、「王の猟」を「皇帝の猟」とするなど、統一前の「王」から統一後の「皇帝」への変更が各地に通知されていたことがわかる。またその中には、国境線防御施設を統一以前の「辺塞」から「故塞」に変更する規定や、「邦司馬」を「郡司馬」と改める規定も見える。渡邉英幸はこれらから、「統一秦が「邦」という枠組み自体を否定し、至高の存在である「皇帝」が、他国の介在しない「天下」全域を統治する体制を志向していた」[6] ことを指摘する。秦帝国の唯一性の理念は、具体的な法令として全国に公布されたのである。

また、秦の始皇帝は上述の用語統一以外に、法律・度量衡・車軌・文字等の統一政策を推進した。そして旧六国の城郭を破壊し、各地の兵器を回収し民衆の武装解除を行った。北辺には長城を築き、首都圏と北方を結ぶ直道を建設するとともに、咸陽宮や驪山陵の造営を推進した。これらは大規模な土木工事を必要とし、そのために大量の民衆が動員された。さらに全国を五回にわたって自ら巡行し、各地に刻石を建て自らの業績を顕彰する文を刻み込んだという。

これらの諸政策は、一面において秦の画期性を表現するものとされ、また一面において秦の短命の原因となった苛政を示すものとされてきた。伝統的見解では、圧倒的な軍事的実力によって六国を滅ぼした秦帝国は統一以後、厳格な法治を施行しつつ大規模な土木事業を強行、それによって短期間で人心を失い、カリスマ的君主たる始皇帝の死をきっかけに民衆の反乱を引き起こし滅亡に至ったとする。[7]

これに対して近年の研究成果は、秦帝国の統一支配をその未成熟性、及び戦国期からの継続性の面から急速に明らかにしている。秦の統一の「虚構性」の観点からこの問題に関する最も総合的な考察を行っているのが鶴間和幸である。

すなわち鶴間によれば、秦帝国は統一後に帝国全土に対する新たな法令の公布を行った形跡はなく、度量衡・車軌・文字の諸統一政策も戦国秦で行われ既に枠組みとしてはできあがっていたものがそのまま継続され被征服地に適用されたという性格が強い。暦についても同様に、統一以前の秦で使用されていたものが統一後に改めて全国に施行されたものである。統一貨幣たる半両銭も旧秦地域で集中的に発見される地域的性格の強いものだし、貨幣統一政策は二世皇帝の時代に施行されたと考えられる。[8] 焚書坑儒に関しても、思想統制というよりも、対匈奴戦争・対越戦争の戦時下において人々を惑わす行動を取り締まる治安維持のための政策とみるべきで、儒者弾圧というのは前漢期の解釈とする。[9] 秦の統一政策は多くの場合、画期的なものととらえるよりも、戦国期からの継続性をもった政策と考えるほうが実態に合う。以上、鶴間は秦帝国の統一事業のほとんどを戦国時代の延長線上に位置づけ、秦の統一支配体制を秦が「東方六国を政治的に一時抑えることができた」[10] ものと評価し、「異質な要素を均質化するものではなくして、むしろ異質な要素の上に立った」[11] 統一の像を提起した。

戦国末〜統一初期を生きた喜という地方官吏の墓から見つかった睡虎地秦簡『編年記』では、秦統一の年は空白になっている。『編年記』とは、秦の昭王元年（前三〇六）から始皇帝の三〇年（前二一七）について、戦役を中心とした大事年表に喜の個人的経歴を併記した年譜である。[12] 南方の一地方官吏のレベルでは『史記』の言う統一はさして重要な画期ではなく、それを実感することもできなかったのかもしれない。秦王政二十六年の統一とは、秦の政権中枢のみに共有された先鋭的な理念という性格の強いものだったのではあるまいか。統一秦においては、「王」から「皇帝」への呼称変更や皇帝の権威を表現するための大規模陵墓造営などの理念的性格の強い政策は確かに実行されたが、それ以外のいわゆる統一諸政策は、もはや秦以外の国が存在しない状況に合わせて既存政策を「読み替え」たものが多かったと考えるべきだろう。また全土郡県化も、それを実行する条件がほとんど整っていない状況下で強行された理念先行の政策だった可能性が高いのではないだろうか。

3 秦帝国の理念と実態

秦帝国の政策は、①過去の事例を乗り越えようとするところに生み出された画期的なもの、②戦国秦で既に実現していた政策を旧六国地域に適用しようとしたもの、の二種に類型化することができよう。また①②と重なる要素もあるが、第三の類型として東方巡行や陵墓建設に代表されるような③皇帝の権威を表現するための諸政策を設定しても良いかもしれない。そして①を代表する政策たる皇帝号の創出と全土郡県化の施行、及びそれに付随する焚書令の実行は、秦以外の王者・国や異なった価値観の存在を認めない、秦の唯一性を極端に強調する政策という共通点を持っていた。秦は唯一性をその中核とする理念に基づいて統一帝国の体制を構築しようとしたのである。

また秦における政策方針の確立・実行は、始皇帝という人物の志向を最大の根拠とし、秦帝国の統一政策は始皇帝の意志によって最終的に発動した。秦が有した唯一性の理念からの論理的帰結として、始皇帝は帝国のあらゆる政治的課題に対する唯一の最終的意志決定主体として秦帝国に君臨することになった。

しかし、そのような皇帝権力の強大さと、秦による諸政策の社会への浸透の程度はおのずから別の問題である。秦の政治的最上層部が有した理念と、個別的政策の意図、及び特に旧六国地域における実態・実効性は区別して考える必要がある。②を代表する政策である法・度量衡等の統一は秦以外の国々が消滅した結果という性格が強く、それ自体が画期的な政策だったわけではなかった。文字統一は公文書の字体と用語・形式の統一にとどまり、民間での異体字使用が根絶されたわけではなかった。[13] 車軌統一も、経済上の効果よりも秦への規格の一元化による政治的・イデオロギー的効果を狙ったものだったと考えられる。[14] 統一秦は地域の実態に十分に配慮しない柔軟性に欠ける画一的支配体制をとっていたとの推定もなされており[15]、秦帝国の理念的政策と現実社会の間には相当の齟齬があった可能性が高い。そしてそのような状況の中で、③の諸政策、とりわけ始皇帝陵造営をはじめとする大規模土木工事への大量の民衆動員が、秦帝国に対する抵抗運動を発生させる直接的なきっかけとなってゆく[16]。

上述の諸事象から導き出されるのは、皇帝とその周辺が政治的意志決定権を一手に掌握しつつ、皇帝に任じられた官吏たちが未だ統一国家としての実質を有さない広大な空間に散在するのみの、相当に粗放な帝国の姿であるように思われる。またそのような秦帝国の民間社会には、次節で見るように広大な抵抗の場と膨大な抵抗の主体が沈潜していた。そして秦末の反秦抵抗運動は、まさにそれらを基盤として生まれてくるのである。

第二節　反乱の基盤

1　抵抗の場

（1）　古代の山林藪沢

戦国秦漢期の山林藪沢については、経済的機能・帝室財政の観点からの少なからぬ研究成果が既に存在する[17]。しかし、山林藪沢がこの時期に果たした機能は財政に関連するものに限定されるわけではない。村松弘一は古代中国における山林藪沢を①「人間に近い自然」②「人間に近いが、国家権力の及ばない自然」③「人間と離れた自然」の三種に類型化して論じている[18]。山林藪沢の中には、村松のいう②のような、人間社会と深く関わっているけれども国家的管理の行き届いていない領域があった。そしてそのような場は王朝支配に反抗する武装集団が生成・成長する場としても機能した。

このことについて『史記』の中から見出される例は決して豊かとは言えない。しかしその少数の事例は、当時のアウトローたちにとって山林藪沢が重要な拠点として機能していたことを示唆するに足る内実を持つものと思われる。

秦末期の史料には「沢」と呼ばれる空間に潜む人々の姿がしばしば描き出されている。(19) そして漢の高祖劉邦は蜂起の初期段階でいくつかの「沢」に身を隠している。

高祖は亭長として県から役徒を酈山に送り届けようとしたが、役徒の多くは途中で逃亡した。高祖は到着の頃には皆逃げてしまうと考え、豊の西の沢中に至りそこに止まって酒宴を開き、その夜役徒たちを解き放った。そして「みな立ち去れ。私もここから逃げよう」と言った。役徒中の壮士に高祖に従いたいと願う者十数名があった。

高祖以亭長為県送徒酈山、徒多道亡。自度比至皆亡之、至豊西沢中、止飲、夜乃解縦所送徒。曰、公等皆去、吾亦従此逝矣。徒中壮士願従者十余人。(高祖本紀)

劉邦が酈山に送られる役徒を逃がす決意をした場所は「沢中」だった。そこは、秦の王朝権力に逆らうような行動を選択するにふさわしい、逃亡の出発点として機能し得るような国家的管理の及びにくい空間だったのではないかと思われる。この文章の後に続くのがいわゆる「赤帝の子」説話である。劉邦は酔って沢中を進んでいた時、大蛇に出会いこれを斬った。『史記』ではこの蛇は白帝の子でそれを斬った劉邦は赤帝の子とされている。沢とは、そのような非日常的な現象の舞台となる場でもあった。

そもそも劉邦の母親が身ごもったのは「大沢の陂」で「夢に神と遇」ったことによる。その時空は暗くなり稲妻が光り、母の上には「蛟龍」がいたという。劉邦の前半生を彩るいくつかの神怪な説話はしばしば「沢」と深く関わっている。「沢」は後に皇帝となるべき人物をも権威づけ得るような幾多の怪異が発生する空間だったのである。

さて、その後も高祖は逃亡を続けている。

秦の始皇帝は常に「東南に天子の気がある」と言っており、そのため自ら東游してこれを押し止めようとした。高祖は自らのことかと恐れ、逃亡し、芒・碭の間の山沢巖石中に潜んだ。呂后は人々とともに高祖の居場所を探し、いつも探しあてた。高祖は不思議に思いその理由を問うた。呂后は「あなたの居場所の上には常に雲気があり、そのためそれに従ってゆけば常に探しあてられるのです」と言った。高祖は心中喜んだ。沛中の子弟はこのことを聞き、高祖につき従いたいと思う者が多かった。

秦始皇帝常曰、東南有天子気、於是因東游以厭之。高祖即自疑、亡匿、隠於芒・碭山沢巖石之間。呂后与人倶求、常得之。高祖怪問之。呂后曰、季所居上常有雲気、故従往常得季。高祖心喜。沛中子弟或聞之、多欲附者矣。（高祖本紀）

劉邦は身を隠すにあたり「山沢巖石之間」に入っている。その場所は、秦の官吏の追及を逃れ得るような、日常的な生活の場とはかけ離れた空間だったはずである。しかし同時に「雲気」のようなある種のヒントさえあれば女性でもそこにたどりつくことは不可能ではなかった。沢中は日常生活空間とある程度密な連絡を維持できる空間でもあったのである。高祖本紀に見られる次の記事はそのような事情を物語る。

陳勝呉広の乱が発生し、あちこちでその影響を受けた暴動が発生して秦吏の殺害される事件が頻発すると、沛令は自らの身に不安を感じ、沛を挙げて陳勝集団に従うことを目論んだ。それに対して蕭何・曹参は次のように説得した。

「あなたは秦吏でありながら秦に背こうとしていますが、それで沛の子弟を率いても、彼らは恐らく命令を聞かないでしょう。それよりも沛人で外に亡れ出ている者どもを召し出せば数百に達するので、その力を使って沛の人々を威圧すれば、みな従わないわけにはいかないでしょう」。そこで樊噲に劉邦を呼び寄せさせることになった。劉邦の集団はすでに百人近くになっていた。

君為秦吏、今欲背之、率沛子弟、恐不聴。願君召諸亡在外者、可得数百人、因劫衆、衆不敢不聴。乃令樊噲召劉季。劉季之衆已数十百人矣。

これによれば、劉邦は「山沢巌石之間」に隠れている間も沛の仲間たちと連絡を取り続け、百に近い数の武装勢力を形成していたようである。「山沢巌石之間」は、官憲から身を隠し得る程度には日常空間から離れた場で、しかし同時に一般民衆にとって全く接近し得ないほど世間から隔絶した場でもなかった。

(2) 武装集団の生成

ここで想起されるのは、陳勝・呉広が決起して官吏を殺害した場所も「陳勝等起大沢中」(項羽本紀)とあるように「沢」中だったことである。劉邦と陳勝という二人の人物の動きは、祖先の不明な庶民が「沢」を舞台に反秦行動を開始するという共通点を持っている。次に見る彭越集団の事例も同様の特徴を共有しており、沢中における武装集団の生成過程を明快に示している。

鉅野沢中にあって「群盗」を為していた彭越は、陳勝・項梁が決起した頃、「少年」たちに決起を促された。彭越はいったん様子を見ることにしたが、一年余ののち再び「少年」たちに集団の長たらんことを請われた。

それから一年余の後、沢中の少年百余人が集まり、彭越を訪れて言った。「どうか長となってください」。彭越は断り「私は君たちと行動を共にする気はない」と言った。少年たちが強く頼み、ようやく承知した。そして明朝日の出に集まることにし期限に遅れた者は斬とすることにした。明朝日の出には十余人が遅れ、正午頃に来た者もいた。彭越は謝りつつ「私は老人で、諸君はそれを強いて長とした。今約束したのに多くが遅れ、その者全てを誅殺することはできないので、最後の一人のみ誅することとする」と言った。そして校長にこれを斬刑にするよう命じた。皆は笑って、「どうしてそこまでするのですか。これからはこんなことはありません」と言った。そこで彭越は一人を引き出して斬し、祭壇をつくって祀り、そののち徒属に命令を下した。徒属はみな大いに驚き、彭越を恐れ、敢えて仰ぎ見る者もなかった。かくして各地を攻略し、諸侯の散卒を吸収し、千余人の集団となった。

居歳余、沢間少年相聚百余人、往従彭越、曰、請仲為長。越謝曰、臣不願与諸君。少年彊請、乃許。与期旦日日出会、後期者斬。旦日日出、十余人後、後者至日中。於是越謝曰、臣老、諸君彊以為長。今期而多後、不可尽誅、誅最後者一人。令校長斬之。皆笑曰、何至是。請後不敢。於是越乃引一人斬之、設壇祭、乃令徒属。徒属皆大驚、畏越、莫敢仰視。乃行略地、収諸侯散卒、得千余人。（魏豹彭越列伝）

沢中の少年たちによって集団のリーダーに担ぎあげられた彭越は、全員の申し合わせに違反した者への制裁を実行し、自らが長となる集団の支配権を確立した。[20] 沢は、そのような厳格な命令系統の貫徹すべき武装集団が生成する場だった。換言すれば沢は、一般的な社会秩序から逸脱した人々が群れ集う場であり、同時にそこに何らかの目的と十分な力量を有するリーダーが存在することによって、それらの人々を武装集団へと結集し直すような場として機能しているのである。

(3) 沢に潜む有力者たち

沢中に潜んだのは無名の庶民ばかりではなかった。項羽本紀には陳勝呉広蜂起後の二世元年九月のこととして次のような記事が見出される。

会稽守通は項梁に言った。「江西はみな秦に反し、今こそまさに天が秦を滅ぼさんとする時である。私は『先んずればすなわち人を制し、後るればすなわち人に制せらる』と聞いている。私は兵を挙げて、あなたと桓楚を将軍としようと思う」。このとき桓楚は亡命して沢中に身を隠していた。

会稽守通謂梁曰、江西皆反、此亦天亡秦之時也。吾聞先即制人、後則為人所制。吾欲発兵、使公及桓楚将。是時桓楚亡在沢中。

このあと室内に招き入れられた項羽は、会稽守の首を取り印綬を奪い数十人を殺害する。この記事によれば、会稽守通は本来項梁と桓楚の二名を将とすることで呉中の軍事力を結集しようと考えていた。項氏は項羽本紀に「世世為楚将」と記される代々楚の将軍をつとめてきた一族で、また項梁は戦国末に秦と激戦を繰り広げた項燕の息子だった。太田麻衣子は、江東地域においては旧楚の王室よりも秦との戦いの主体だった項氏の方が「より身近な英雄(21)」として民衆的な評価を得ていたとする。項梁は旧楚の人心を結集する上で異論の出にくい名族として会稽守通の目にとまったものと思われる。

とすれば、それと併記されている桓楚も項氏に比肩する権威を持った人物である可能性が高いのではないか。桓楚については不詳とせざるを得ないが、項梁と並び称される可能性をもつ程度の声望・力量を有する武将だったと推測することは可能だろう。上に引いた記事によれば、事情は不明だが桓楚はこのとき逃亡して「沢」中にいたという。「沢」は桓楚の如く一郡の軍を率いる将に推されるような有力者でも時と場合によっては逃亡・潜伏し得る場所だった。

これに関連して、張耳と対立した陳余が沢にこもった例にもふれておこう。鉅鹿の戦いの際に張耳は何度も陳余軍による救援を要請したが、兵力不足とみた陳余はそれに従わず兵を出さなかった。項羽軍の勝利の後、張耳は陳余を責めた。これに対して陳余は将軍の印綬を解いて張耳に押し付け、席を立った。

張耳は印綬を帯び、陳余の配下を手中に収めた。戻ってきた陳余は、張耳が印綬を譲らないのを見て、走り去った。かくして張耳は陳余の兵力を手中にした。陳余はただ配下の親しい者数百人と黄河のほとりの沢中で漁猟を生業として暮らした。これ以降陳余と張耳の関係は悪くなった。

張耳乃佩其印、収其麾下。而陳余還、亦望張耳不譲、遂趨出。張耳遂収其兵。陳余独与麾下所善数百人之河上沢中漁猟。由此陳余・張耳遂有郤。（張耳陳余列伝）

陳余は武臣が趙王になった時「大将軍」に任じられている。沢は一国の大将軍だった人物が数百の配下とともに潜み再起を計るような場でもあった。

ここまでいくつかの史料を挙げつつ論じてきたように、秦末期に中国各地に存在していた「沢」と呼ばれる空間は、秦の王朝権力が十分に入り込むことのできない場合が少なからずある場所で、そのため一般的社会秩序からの逸脱者たちが雲集する場となっていた。そこに潜む者たちの中には、時には相当の声望・勢力を有する人物が含まれる場合もあった。そして秦帝国に対する抵抗運動の主体となる有力集団はしばしばそのような空間を出発点として成長し、秦滅亡の直接的きっかけをつくった陳勝の集団や最終的に漢帝国を築いた劉邦の集団はそのような場で生まれてきたものだった。秦末期の中国には、秦帝国の管理の網の目から抜け落ちた広大な空間が広がっていたのである。

2　抵抗の主体

（1）　蜂起する少年たち

前項で彭越集団について検討した際、そこで集団の形成に重要な位置を占める存在が「少年」であることを見た。「少年」は秦末の民衆反乱の過程でしばしば反秦武装集団の結集のきっかけを作ったり武装集団の中心的構成員となったりしてゆく人々である。(22)陳勝呉広の乱が発生した時のことを秦始皇本紀では次のように記している。

陳勝が自立して楚王となった。陳を拠点に、諸将を派遣し各地を従えさせた。山東の郡県の少年たちは秦の官吏に苦しんでいたので、各地で守・尉・令・丞を殺害、反逆し、陳勝の動きに呼応した。それぞれが侯王を名乗り、合従して西方に対抗しようとし、秦を討つ事を名目とする者は、数知れなかった。

勝自立為楚王。居陳、遣諸将徇地。山東郡県少年苦秦吏、皆殺其守尉令丞反、以応陳渉。相立為侯王、合従西郷、名為伐秦、不可勝数也。

これによれば、陳勝集団の行動に呼応して各地で秦の役人を攻撃・殺害したのは「郡県の少年」たちだった。彼らはそれぞれ侯王を名乗ったとされ、各地で少年たちがそれぞれリーダーを立て独自の集団を形成していたことを推測させる。

少年たちの集団は、彭越集団のように沢中で形成されるものもあったが、それよりもさらに史料上に頻見するのは、秦始皇本紀が記すような各地の郡県、すなわち一般庶民が集住する都市的集落における例である。県レベルで少年たちの集団のリーダーが選出される過程を記録した例の一つとして、項羽本紀中の陳嬰の事例を見よう。

陳嬰は、もとの東陽令史で、県中に住み、もとより謹直な人柄で、長者と称せられていた。東陽の少年たちが県令を殺し、数千人の集団になり長を置こうとしたが、適した人材がなく、陳嬰に長となるよう願った。陳嬰は断わったが、遂に強引に長に立てられた。県中のそれに従う者は二万人に達した。

陳嬰者、故東陽令史、居県中、素信謹、称為長者。東陽少年殺其令、相聚数千人、欲置長、無適用、乃請陳嬰。嬰謝不能、遂彊立嬰為長。県中従者得二万人。

少年たちは暴動を起こし県令を殺害したものの、数千人規模の集団になるに至りリーダーの必要を感じた。そして自分たちの中には全体のリーダーにふさわしい人物がいないと判断し、陳嬰にその立場に就くよう依頼することになった。

陳嬰が少年たちによってリーダーに選ばれた根拠は、この記事による限り、陳嬰の「長者」と称される優れた人格への評価と見るしかない。少年たちの集団では、人格的優越者を長に戴くことで集団の結集を実現しようとする場合があったのである。先に見た彭越集団の例でも、彭越は特別な軍事的業績等を持つわけではない、沢中で「群盗」を為す人物に過ぎない。そのような人物が少年たちによって推戴されたのも、彭越の人格に対する評価が重要な位置を占めた可能性が高いものと思われる。

(2) 劉邦の蜂起

陳嬰が県の有力者の中から選び出されたのに対して、劉邦の場合は沢中から「少年豪吏」の支持を得て県中に入り、反秦集団のリーダーの地位を得ている。

上述したように高祖本紀によれば、秦二世元年秋に陳勝呉広の乱が起こると、沛令は沛の人々を率いて陳勝の軍に投じようとした。これに対して蕭何・曹参は、秦吏である県令が秦に背くといっても沛の子弟はついて来ないであろうこと、沛人で沛の外に逃れ出ている者を召し出せば数百に達するのでその力を利用して人々を従わせるべきことを進言した。その意見に従った沛令の命に従い樊噲が沢中の劉邦集団を沛に連れてくると、沛令は後悔し、城門を閉ざし、蕭何・曹参を殺害しようとした。これに対して劉邦は城内に檄文を射込んで沛の父老たちを説得、それに応じた父老たちは子弟を率いて沛令を殺害し、劉邦を城内に迎え入れ、劉邦が沛令となることを望んだ。

高祖本紀ではこのあと沛公となった劉邦が胡陵・方與を攻める際に沛の子弟たち二、三千人を結集した蕭何・曹参・樊噲らを「少年豪吏」と呼んでいる。沢中にある時から劉邦を支援し後々までその集団の中核的存在として活動する者の中には「少年」が含まれていた。沢中でも劉邦はそのような人々と連携することで沛の一般社会とのつながりを維持し続けていたのである。とすれば「少年」たちは、前節でみたような秦帝国の管理の網の目から抜け落ちた空間に跋扈する人々と都市的集落の世界を媒介するような機能を果たす存在でもあったと言えそうである。

なお高祖本紀では、劉邦が沛公に推されたとき、固辞する劉邦と父老たちの間で次のようなやりとりがあったとされる。

劉季は言った。「天下はまさに乱れ、諸侯は並び起こり、今無能な将を置けば、一敗地にまみれることとなろう。私は自らの身を愛しむわけではないが、能力不足で父兄子弟の命を全うさせられないのを恐れている。この大事に関しては、あらためて互いに良い者を選んでいただきたい」。蕭・曹らはみな文吏なので自愛し、事が成らなかった時に秦に一族を根絶やしにされるのを恐れ、ことごとく劉邦を推した。父老たちもみな言った。「平生聞くところでは、劉季どのにはさまざまな怪異があるとのこと、まさに貴くなられるあかしであろうし、さらに卜筮によっても劉季どの以上の方は見当たりません」。劉邦はいくどか辞退した。しかしそれに代わる者はなく、人々はついに劉季を立てて沛公とした。

劉季曰、天下方擾、諸侯並起、今置将不善、壹敗塗地。吾非敢自愛、恐能薄、不能完父兄子弟。此大事、願更相推択可者。蕭・曹等皆文吏、自愛、恐事不就、後秦種族其家、尽譲劉季。諸父老皆曰、平生所聞劉季諸珍怪、当貴、且卜筮之、莫如劉季最吉。於是劉季数譲。衆莫敢為、乃立季為沛公。

能力不足を理由に沛公の地位を固辞する劉邦に対して、父老たちは劉邦に平生発生していた多くの「珍怪」や「卜筮」の結果を根拠にして説得する。既にふれたように、『史記』高祖本紀には主に「沢」を舞台として劉邦に関する少なからぬ怪異が記されており、それらは集団のリーダーたり得る劉邦の異能を証明するものととらえられていた。高祖本紀ではそれと同時に劉邦の仁愛に満ちた人格も強調されており[23]、陳嬰集団の形成の場合に見られたような人格者により無頼の集団が一つに統合されるとの論理的脈絡は、劉邦集団の生成に関しても同様に見られるものと考えてよい。劉邦をめぐる神怪な諸事象は沢という舞台によって説得力を与えられ、無頼の少年たちを結集し、さらに劉邦自身の仁愛に満ちた人格的力と一体となって父老層を含むより広い都市の住民たちを結集する力として機能したものといえる。

(3) 少年集団の形態と機能

少年たちはしばしば有力者・人格者のもとで徒党を組んだ。『史記』において、有力な人物の周りに少年たちが結集して武装勢力を形成していると見られる例としては他に以下のようなものがある。

陳渉は蜂起して陳で王となり、周市に命じて魏の地を平定させ、魏咎を立てて魏王とし、秦軍と臨済で互いに攻め合っていた。陳平はそれより前に兄伯にいとまを告げ、少年たちを従えて臨済で魏王咎に仕えた。魏王は陳平を太僕とした。

陳渉起而王陳、使周市略定魏地、立魏咎為魏王、与秦軍相攻於臨済。陳平固已前謝其兄伯、従少年往事魏王咎於臨済。魏王以為太僕。(陳丞相世家)

十年がたち、陳渉らが兵をあげ、張良もまた少年百余人を集めた。このころ景駒が自立して楚の仮王となって留にいた。張良はそれに従うつもりで出立したが、途中で沛公に出会った。…張良はそのまま沛公の配下となった。

後十年、陳渉等起兵、良亦聚少年百余人。景駒自立為楚仮王、在留。良欲往従之、道遇沛公。…遂属焉。(留侯世家)

陳平の場合も張良の場合も、少年たちを結集することで成立した集団を率いてより有力な集団に身を投じている。先述の陳嬰も後に項梁の集団に合流しているように、各地で成立した群小の武装集団はより有力なリーダーのもとでの再統合を繰り返しつつ肥大していく場合が多く、これらはそのような事態の一例を示すものだろう。

上記の例では陳平・張良がどのようないきさつで少年たちの集団のリーダーとなったのかはっきりとはわからない。集団結成の事情がやや詳しく記録されているものとして、酈商の例がある。

曲周侯酈商は高陽の人である。陳勝が蜂起した時、酈商は少年を集めて各地の人を駆り出し、数千人を得た。沛公の攻略が陳留に至り、六カ月ほどして、酈商は将卒四千人を率いて岐で沛公に従った。

曲周侯酈商者、高陽人。陳勝起時、商聚少年東西略人、得数千。沛公略地至陳留、六月余、商以将卒四千人属沛公於岐。（樊酈滕灌列伝）

酈商は各地から人を集めて大軍を作る時に、その前段階として、民衆を駆り集める役割を果たす「少年」たちを集めている。この記事を見る限り、酈商は少年たちに推戴されて集団の首領となったのではなく、酈商の側が少年たちに働きかけて自らの配下として働く者どもを集めたとみてよさそうである。少年たちの集団は必ずしも陳嬰や劉邦のケースのように少年たちによってリーダーが推戴されることにより成立するとは限らなかった。逆に志を持った人物が少年たちをかき集めて徒党を組むこともあった。

また少年たちは旧六国の王族のもとに結集することもあった。田儋列伝によれば、斉王田氏の一族たる田儋は、狄令を殺害し狄城を奪ったとき「少年」たちを従えていたという。そして田儋は「豪吏子弟」の前で自らが田斉の一族であり王たるべき者であることを宣言し自立して東進し斉王となった。このような動きからは、少年集団によって引き起こされた反乱が一般都市住民を巻き込んで大規模化するという、典型的な民衆反乱の展開パターンを見出すことができる。

ここまで見てきたように、少年たちは一介の布衣から王族に連なる人々まで幅広い階層の人物に従った。彼らはそのような人々のもとで集団を形成することで、秦末期の情勢に大きな影響を与えていた。そして少年たちのそのような動向は、地域の権力者にとって目前の脅威と意識されたようである。

楚王となった陳勝により趙平定のために派遣された武臣は武信君と号して軍団を以て范陽を攻めた。この時范陽の人である蒯通は范陽令に自らを起用するよう求めた。

今諸侯は秦に反し、武信君の軍もまさに至らんとしているのに、あなたが范陽を堅守していれば、少年たちはみな争ってあなたを殺し、武信君に下るでしょう。私を武信君のところに遣わして、禍転じて福となすべきは、今です。

今諸侯畔秦矣、武信君兵且至、而君堅守范陽、少年皆争殺君、下武信君。君急遣臣見武信君、可転禍為福、在今矣。（張耳陳余列伝）

この策に従った范陽令の命で武信君に会った蒯通は以下のような論で武信君を説得した。

今范陽令は士卒を整えて守戦すべきなのに、怯惰で死を恐れ、貪欲で富貴を重んじ、天下に先んじて降伏しようとしていますが、秦の置いた吏なので、前の十城の時のように誅殺されるのではないかとあなたを恐れているのです。しかも今范陽の少年どもは令を殺そうとしており、それによってあなたの軍に抵抗しようとしています。なぜ私に侯印を持たせ、范陽令に与えさせないのですか。そうすれば范陽令は城を挙げてあなたのもとに下り、少年どももまた敢えて范陽令を殺しはしますまい。

今范陽令宜整頓其士卒以守戦也、怯而畏死、貪而重富貴、故欲先天下降、畏君以為秦所置吏、誅殺如前十城也。然今范陽少年亦方殺其令、自以城距君。君何不齎臣侯印、拝范陽令。范陽令則以城下君、少年亦不敢殺其令。(張耳陳余列伝)

范陽令に対する建策、武信君に対する説得のいずれの場合でも、暴力行使を含む少年たちの動きは説得にあたっての重要なファクターとなっている。范陽令にとって少年たちの暴動は自らの生命に関わる目前の脅威だったし、武信君にとっても范陽令に代わって少年たちの集団が抵抗運動を繰り広げることは、自軍の活動にとって不利な事態と判断されたのである。

ここまで検討してきた史料群は多くの説話的要素を含んでおり、必ずしも素朴に事実と判断してよいものばかりではない。しかしこれらの説話的記事を成立させている当時の人々が持つ感覚の基層に、得体の知れぬ場としての「沢」と社会秩序からのはみ出し者としての「少年」たちの具体的な存在を見出すことは可能だろう。秦末期の中国には、王朝権力の管理能力が貫徹していない広大な空間が広がり、また王朝による支配の枠組みから逸脱した、ふとしたきっかけで抵抗勢力へと転化するような人々が、都市的集落にも、一般庶民の生活空間から離れた山沢にも、大量に存在していたのである。

おわりに

厳格な法治主義に貫かれた強権的国家とイメージされがちな秦帝国の統一支配は、政治権力の入り込みにくい広大な空間と、きっかけさえあれば政治的支配の枠からはみ出し得るような多くの人々を、その内部に含みこんで成り立っていた。秦帝国の性格はしばしば法家思想や厳しい人民支配を以て説明されるが、法的理念は社会的実態と必ずしも合致しない。少なくとも秦末期においては、秦帝国の領域支配は一元的とも高密度とも評価し難い面を持っており、秦末に頻発した抵抗運動の基層にあったのはそのような空間的・人的条件だったのである。秦帝国の支配構造はそのようなある種の不徹底さ、即ち支配中枢が推進する唯一性の理念を背景に持つ諸政策と、それとうまく折り合わない社会の実態を前提として、検討し直されねばならないだろう。

陳勝呉広の乱は、長い時間をかけて慎重に練り上げられた計画的な運動ではないにもかかわらず短期間で広域を席捲し同時期の情勢に強いインパクトを与え得た。その背景には本章で見てきたような秦帝国の統一支配の特質があったのではないか。次章では『史記』陳渉世家の記述を主要な素材として、陳勝集団の動きとそこから浮き彫りになる秦末期の情勢を再構成する。

第一章　註

（1）　秦及び始皇帝に関する概説的な著作としては、林剣鳴『秦史稿』（上海人民出版社、一九八一）、A・コットレル『秦始皇帝』（日比野丈夫監訳、田島淳訳、河出書房新社、一九八五）、吉川忠夫『秦の始皇帝』（集英社、一九八六）、籾山明『秦

(2) の始皇帝』(白帝社、一九九四)、鶴間和幸『秦の始皇帝』(吉川弘文館、二〇〇一)、『始皇帝陵と兵馬俑』(講談社学術文庫、二〇〇四)、『人間・始皇帝』(岩波新書、二〇一五)等。

(3) 秦において創出された「皇帝」ということばの意味に関しては、漢におけるそれとの差異も含めた議論がある。主要な論考として、西嶋定生「皇帝支配の成立」(『中国古代帝国と東アジア世界』東京大学出版会、一九八三、一九七〇初出)、栗原朋信「秦と漢初の「皇帝」号について」(『日本上代対外関係の研究』吉川弘文館、一九七八、一九七二初出)、浅野裕一『黄老道の成立と展開』第2部第10・13・14章(創文社、一九九二)、杉村伸二「秦漢初における「皇帝」と「天子」―戦国後期～漢初の国制展開と君主号―」(『福岡教育大学紀要　第二分冊　社会科編』六〇、二〇一一)。

(4) 『史記』秦本紀には「(昭襄王)十九年、王為西帝、斉為東帝」とある。

(5) 三十六郡の具体的内訳については諸説ある。鎌田重雄「秦三十六郡」(『秦漢政治制度の研究』日本学術振興会、一九六二)、辛徳勇「秦始皇三十六郡新考」(『秦漢政区与辺界地理研究』中華書局、二〇〇九)。

(6) 湖南省文物考古研究所編『里耶秦簡〔壹〕』(文物出版社、二〇一二)。

(7) 渡邉英幸「里耶秦簡「更名扁書」試釈―統一秦の国制変革と避諱規定―」(『古代文化』六六―四、二〇一五)九頁。

(8) 例えばコットレルは秦の滅亡の理由について、始皇帝の有能な長子扶蘇が皇位を継がず無能な胡亥が二世皇帝となったため政策の切り替えができず、始皇帝在世中にすでに増大していた民衆の不満が抑えきれなくなったとする。A・コットレル『秦始皇帝』二四九～二五〇頁。

(9) 鶴間和幸『秦帝国の形成と地域』序章、第一編第一・二章、終章。

(10) 鶴間和幸『秦帝国の形成と地域』第一編第五章。ただしそのような政策が実行された背景に、李斯の発言に見られるような唯一性への強い志向を見出すことは可能だろう。

(11) 鶴間和幸『秦帝国の形成と地域』一二頁。

(12) 鶴間和幸『秦帝国の形成と地域』六頁。

「編年記」については、高敏「《編年記》的性質与作者質疑」(『睡虎地秦簡初探』萬巻楼、二〇〇〇、一九七九初出)、

(13) 町田三郎「雲夢秦簡ノート(一)」(『秦漢思想史の研究』第二章―一、創文社、一九八五)、藤田勝久「『史記』戦国紀年の再検討」(『史記戦国史料の研究』第一編第三章、東京大学出版会、一九九七)。

(14) 蔣非非「秦統一後の法令「書同文字」について―里耶秦簡の公文書にみえる用字を例として―」(『資料学の方法を探る』一四、愛媛大学「資料学」研究会、二〇一五)。

(15) 籾山明『秦の始皇帝』一二九～一三〇頁。

(16) 髙村武幸「秦代遷陵県の覚え書」(『名古屋大学東洋史研究報告』三九、二〇一五)四三～四四頁。

(17) 統一初期に行われたとみられる城壁破壊政策は、大規模土木工事を伴うものだったと同時に、秦の政策的意図が裏目に出た典型的事例と理解されよう。大櫛敦弘は、統一秦が各国の都市城壁を破壊し民衆を武装解除して抵抗力を弱め支配の安定を図った結果、それらの都市が秦への反乱勢力に対する抵抗力をも失ったことを指摘する。大櫛敦弘「秦代国家の統一支配―主として軍事的側面から―」(『『史記』『漢書』の再検討と古代社会の地域的研究』平成五年度科学研究費補助金一般研究(B)研究成果報告書、一九九四)一一九～一二二頁。

(18) 加藤繁「漢代における国家財政と帝室財政の区別並に帝室財政一斑」(『支那経済史考証 上』東洋文庫、一九五二、一九一八・一九初出)、増淵龍夫「先秦時代の山林藪沢と秦の公田」(『中国古代の社会と国家』弘文堂、一九六〇、一九五七初出)、堀敏一『均田制の研究』(岩波書店、一九七五)第三篇第八章―五、重近啓樹「中国古代の山川藪沢」(『駿台史学』三八、一九七六)。

(19) 村松弘一「中国古代の山林藪沢―人間は自然環境をどう見たか―」(『学習院史学』四三、二〇〇五)。

(20) 沢の一般的性格については村松弘一「中国古代の山林藪沢―人間は自然環境をどう見たか―」二四～二五頁を参照。また非日常的空間としての山林藪沢に言及する最近の研究として、柿沼陽平「戦国秦漢時代における王権と非農業民」(『史観』一六三、二〇一〇)二二～二五頁がある。

(20) ここに見られるエピソードは『史記』司馬穰苴列伝・孫子呉起列伝に見られるケースと同様のパターンを持っており、軍事集団とは法令の断行により強固に統合されるものであるとする中国古代人の一般的な思考様式を表現する説話といえるだろう。

(21) 太田麻衣子「鄂君啓節からみた楚の東漸」(『東洋史研究』六八―二、二〇〇九)二四頁。

(22) 秦漢期の少年については、王子今「説秦漢〝少年〟与〝悪少年〟」(『秦漢社会史論考』商務印書館(北京)、二〇〇六)。

(23) 高祖本紀は高祖の人となりを「仁而愛人、喜施」と伝える。

第二章　陳勝呉広の乱とそのインパクト

はじめに

秦帝国滅亡の直接的きっかけとされるのが陳勝呉広の乱である。『史記』陳渉世家によれば陳勝・呉広は、王朝によって労役に動員され民を率いて移動している時、悪天候のため期限に遅れることが確実となった。秦の法では労役に徴されて集合の期限に遅れた者は死罪となるので、蜂起を選んだ陳勝・呉広は秦の公子扶蘇・楚の将軍項燕の軍を称して進撃、各地での叛乱を誘発しながら短期間で大軍に膨れ上がった。さらに陳勝は陳において王となり「張楚」という国を建て、各地に軍団を派遣し秦帝国の軍団とも激戦を繰り広げた。

陳勝の政権そのものは半年程度で崩壊する。しかし秦を滅ぼす運動の原点としてその功績は前漢期には国家的な顕彰の対象とされており、陳渉世家は高祖が陳勝のために「守家三十家を碭に置」き、武帝期に至ってもその祭祀が続けられていたことを伝えている。

以上のように、陳勝呉広の乱は秦末漢初期の歴史的展開過程において大きな意味を持っており、この時期を取り扱った概説書の中でこれに全く触れないものはほとんど存在しないし、秦末漢初期を扱う多くの研究においても陳勝呉広の乱に言及するものは少なからずある。にもかかわらず、秦漢帝国の形成過程に関する従来の研究史の中で陳勝呉広の乱が占める比重は決して大きなものではなかった。少なくとも第二次世界大戦後の日本における研究史の中では陳勝呉広の乱に関する専論は少なく、高祖集団の性格が盛んに議論されたのと対照的に、陳勝集団への言及はごく断片的なもの、概括的なものにとどまることがほとんどだった。出土資料の増加、研究の進展の中で陳勝集団・陳勝呉広の乱に注目するものが現れてくるのは、八〇年代末以降である(1)。

陳勝呉広の乱の具体像を伝える史料はきわめて限られており、その検討にはさまざまな方向からのアプローチが必要となるだろう。本章は、陳勝呉広の乱という事件に対して、陳勝集団・政権の性格、反乱の具体的展開過程、そして反乱のインパクトと各地におけるそれへの反応という三つの視点から考察を加えることにより、陳勝呉広の乱を秦末漢初史の中に位置付け直すことを目的とする。

第一節　陳勝と陳勝集団

1　陳勝の出自と陳勝集団

陳勝という人物の出身地や身分に関する研究は少なからずある。『史記』陳渉世家には「陳勝者、陽城人也、字渉」と記されている。「陽城」とある陳勝の出身地に関しては現在の河南省北部もしくは安徽省北部と見ることでほぼ一致しているが、具体的な場所については諸説が並立しておりまだ定論はない。(2)

また陳勝の出自・身分については、「過秦論」では「甕牖縄枢の子、甿隷の人」といい、『塩鉄論』論勇では「士民の資、甲兵の用無し」とされ、『塩鉄論』詔聖では「匹夫」に例えられるように、特別な高位にはない庶民とするのが漢代から通説化している。これに対して、曾祥文のように一般平民ではない相当高貴な出身と見る説も存在するが、(3)曾祥文の論文に対しては、孟明漢・廖文俊による詳細な批判がある。(4)また于敬民らは、陳勝は「高官厚禄」の人とまでは言えないが「一般貧苦農民」ではないとする。(5)現時点では、陳勝が庶民であり王侯貴族・高位顕官との関係が全く見出されない点についてはおおよその研究者の共通認識と考えてよい。

それでは陳勝集団の性格についてはどのように考えることができるだろうか。一九五〇〜七〇年代の日本における秦漢帝国論争の初期には戦国秦漢期の集団形成・人的結合様式に関する重要ないくつかの研究成果が発表されている。(6)しかしそれらの中でも陳勝集団の性格について集中的な検討を行ったものは決して多くはない。

例えば、秦漢帝国論争の口火を切った西嶋定生のいわゆる旧説、及び論争のターニングポイントの一つとなった西嶋新説には、いずれも陳勝呉広の乱に関する分析はほとんどなく、[7]戦国~漢初期の人的結合・集団形成に関する議論に大きなインパクトを与えた守屋美都雄「漢の高祖集団の性格について」(一九五二初出)・「父老」(一九五五初出)[8]といった論文でもその点は同様。増淵龍夫『中国古代の社会と国家』(弘文堂、一九六〇)でも、数箇所で「陳勝呉広の農民一揆」という表現でふれられるのみである。[9]陳勝呉広の乱に関する先駆的な実証的研究成果としては影山剛「陳渉の乱について」(一九六〇)があり、陳勝集団が広い範囲から動員された人々からなっていたこと、同時期の他の反乱集団と異なり貧農を主要な構成員としていたことを指摘している。[10]その他にも、松崎つね子[11]・好並隆司[12]による農民反乱史的視点からの若干の先駆的研究成果が存在するが、[13]七〇年代までの日本の研究史の中で、陳勝呉広の乱に対して本格的な検討が加えられたことはきわめて少なかったと言ってよい。[14]

そのような中で、陳勝集団の性格について最も包括的な議論を展開しているものとしては現時点でも木村正雄の研究を想起しないわけにはいかない。木村は秦末漢初期に勃興した集団を網羅的に取り上げ、それらとの比較を行うことで陳勝集団の特質を明らかにした。

2　木村正雄の陳勝集団論

木村によれば、秦末に発生した多くの反乱集団にはいくつかの顕著な傾向があった。その一つは、少なくとも初動段階における反乱集団は在地の生産集団から疎外された少年の類から成ることが多いことである。少年とは、前章でも言及したように秦末の反乱においてしばしば集団形成のきっかけとなっている人々で、家族構成から放出され戸籍に記載されていない存在である。もう一つは、ほとんどの集団が同県同郷の人々、郷里の近い人々によって構成されていたことである。秦末農民反乱は多くの場合、特定の地域を基盤として蜂起した。これに対して陳勝集団は秦末反乱集団における上記の一般的傾向とは異なる性格を持っていた。

第一に、蜂起時の陳勝集団は王朝によって管理・徴発された民からなっていた。必然的にその中には、少年・亡命といった、在地生産集団から疎外された人々は含まれていない。陳勝集団の初動段階は、当時の反乱集団としては例外的に、きわめて普通の編戸の民からなる集団となった。

このような木村の理解は、秦末漢初の社会変動をその中心的な力となった人々の社会的性格から見たとき、陳勝呉広の乱がその中にいささか位置づけにくい事象であることを示唆する。前章で述べたように、史書に記録される秦末漢初期の多くの反乱は、「少年」等の在地秩序から逸脱した人々によって主導され[15]、「編戸の民」である「父老」「子弟」といった一般都市住民をまきこむことで大規模化していったと考えて良い[16]。それに対して初発時の陳勝集団は、内部に少年等の無頼の徒を含まない、反乱の中でも特異な例だったようなのである。とすれば、当該期の普遍的な人間集団形成様式・社会的結合様式と秦漢帝国の性格との関係の解明という問題意識を強く有していた五〇〜七〇年代の秦漢帝国論争においては、そもそも例外的性格を持つ陳勝集団は扱いにくい対象だったことになるだろう。

第二の特質として木村が見出したのは、陳勝集団があちこちから労役のために集められた農民の集団だったため構成員の出身地が一定していない点である。このような集団は秦末においては、陳勝集団以外では驪山の刑徒の集団である英布集団ぐらいしか見出せない。陳勝集団は、初発時より多様な地域の出身者を内部に抱え込んだ点においても例外的な反乱集団だったのである[17]。

木村も指摘しているように、秦末漢初の民衆反乱は初動時においては地域性の強いものが多い。後章で論及する如く、項梁集団も劉邦集団も、その蜂起の最初期においてはある特定の地域を制圧する以上の具体的な目的を持っていなかったとみられる。秦末の民衆反乱は多くの場合、秦帝国打倒のような遠大な目標をもったものとしてではなく、自らの「地元」を制圧支配することを第一義的な目的とする運動として発生した。

これに対して初発時にそもそも明確な拠点を有していなかった陳勝集団は、蜂起最初期から移動を繰り返す傾向が強く、またその展開過程においても不断に自軍を分割し各地へ送り込み、勢力拡大とその延長線上での分裂を繰り返した。郡県・都市の地域的結合の中から発生したものではないという点でも、陳勝集団は当時の反秦武装集団の中で例外的な性格を持っていたと言えるだろう。

3　八〇年代末以降の研究動向と「楚」

編戸の民とは異なる少年・亡命といった境界的な人々に主導されて展開することが多く、また地域性の強いものが多かった秦末民衆反乱においては、陳勝呉広の乱は突発的で他の反乱とのつながりが見出しにくいものだった。それではなぜそのような反乱が、王朝を揺るがす大反乱のきっかけになりえたのだろうか。

秦末の反乱が発生・拡大した背景の一つが秦帝国による支配の粗放性にあると考えられることは前章で述べた。反乱のもう一つの注意すべき背景は、戦国期以来の「国」の枠組みだろう。木村はこの点について、陳勝集団を含めた秦末反乱集団は「秦皇帝を専制的支配の座からひきおろし、それに代って、自ら、あるいは適当な人をその権力の座にすえかえようとし」、「さしあたり、秦に滅ぼされた六国を復活するという共通題目をかかげた」(18)ものとする。後述の如く、陳勝呉広の乱は東方六国の復活に帰結する。初発時には比較的狭い地域の制圧以上の目的を持たなかった反乱集団の中でも、成長・拡大を遂げた者はしばしば戦国六国を枠組みとする王位の獲得を目指すようになり、陳勝集団も王を称するにあたり国号を「張楚」(大いなる楚)と号した。陳勝集団が、秦帝国と対峙する政権を構築しようとする際に依拠したのは、戦国期の国の枠組みだった。そして八十年代末以降、秦末漢初期の政治的過程の中に陳勝呉広の乱を位置づけ、またその過程における「楚」国の存在感に注目する諸研究が生み出され始める。

これに関して先駆的な議論を行った田余慶は、秦と漢の間を介する時期における戦国的国際関係の復活とその中での楚の重要性に注目し、漢初に「張楚法統」が重視されていたことを指摘した[19]。田余慶の成果に強い影響を受けた李開元は、陳勝蜂起から劉邦即位までの八年間を（1）楚を盟主とする合従反秦期（2）漢を盟主とする連横反楚期の二期に区分した。そして（1）の前半（秦二世元年七月〜秦二世二年十二月）、すなわち陳勝が王位に会った時期を「復国建王期」と意味付けた。さらに陳勝が楚王となった根拠を、「王権の出処は世襲でなく功徳にあったという理念」によるものとし、「当時、楚の旗号を使う反乱集団は、名分上においてみな張楚政権の属部であった」、「この時期、陳渉の張楚は天下の盟主となり、天下の政局の主流は陳渉が創始した戦国復国運動であった」として、反秦抵抗運動における張楚の盟主的性格を強調する[20]。

また藤田勝久は、陳勝蜂起が郡県制下の軍事系統の奪取によって展開したものであること、陳勝・呉広の活動の中に楚の習俗と思われる要素があり、蜂起の初期段階で秦の公子扶蘇を称したのも扶蘇が楚にゆかりのある人物だったからである可能性があることを指摘する。そして陳勝は新しい政治機構を作り出したわけではなく、楚の伝統をもつ統治機構と地域社会を基盤にしていたとする。ただし藤田は、陳勝政権について陳を中心とした一郡レベルを本拠地とするにとどまりその体制がどこまで機能したかも不明とし、楚復興を標榜しながらその体制が十分機能しなかったことを張楚の短命の一因と推定している[21]。

このように比較的近年においては、秦末漢初期の政治過程に対する陳勝呉広の乱のインパクトと、その背景としての楚という地域の重要性が注目されるようになった。以下本章では、陳勝呉広の乱の具体的過程を復元することを通じて、この時期の反乱集団全体の中で陳勝集団の果たした役割、陳勝呉広の乱と楚の地域的特質の関係という二つの基本的な問題について検討を加えることで、陳勝呉広の乱の歴史的意義に関する再評価を試みたい。次節以降では、まず『史記』の記述を見直すことで陳勝呉広の乱を再構成し、さらにそれをふまえて反乱が発生し展開した「地域」の観点からこの時期の動向を検討してみよう。

第二節　陳勝集団の展開と崩壊

1　陳勝集団の拡大—四方への軍団派遣—

『史記』によれば陳勝は大沢郷で蜂起したのち各地に軍団を派遣している。それらのほとんどは秦二世皇帝元年七月～八月というごく短い期間に行われたものとみられる。本節では便宜上それらを三つの段階に分けて整理しておこう。以下本章中の特に史料名を示さないものは陳渉世家の記事である。

陳渉世家によれば、秦二世皇帝元年七月に蜂起した陳勝は大沢郷から蘄に進んだ。張耳陳余列伝で「陳渉蘄に起」つとされているように蘄は陳勝政権の実質的な出発点である。陳勝はここから葛嬰を東方に向けて派遣し、自らは蘄を起点に西に進撃した。この蘄での葛嬰派遣が陳勝による地方への軍団派遣の第一段階である。さらに陳に進んだ陳勝は王位に就き国号を「張楚」とした。そして各地に配下の軍団を送った。この陳で王位に就いた直後に行われた各地への軍団派遣が第二段階である。

この時、各地の郡県で秦の吏に苦しんでいた人々は、みな秦の長吏を処刑し、これを殺害して陳渉に呼応した。陳渉は呉広を仮王として、諸将を監督させて西方の滎陽を攻めさせた。また陳人の武臣と張耳・陳余に命じて趙の地を制圧させた。さらに汝陰の人鄧宗に南の九江を従えさせた。

當此時、諸郡県苦秦吏者、皆刑其長吏、殺之以応陳渉。乃以呉叔為仮王、監諸将以西撃滎陽。令陳人武臣・張耳・陳余徇趙地。令汝陰人鄧宗徇九江郡。

この記事によれば、膨れ上がった軍団を陳勝は東西南北に分割して派遣したようである。最大の課題である西方秦の攻略に関しては蜂起当初からの腹心・呉広を派遣し、秦攻略軍の監軍として対秦戦の要所である滎陽を攻略させた。また北方趙・燕の地には武臣らを、南方九江には鄧宗を派遣し、彼の地の平定を目論んでいる。これに加えて東方平定には既に蘄から葛嬰が派遣されている。[22] 張耳陳余列伝には陳勝に対する陳余のことばとして、

大王は梁（魏）・楚を挙げて西進し入関することに力を注いでおられ、未だ河北の地を吸収するに至っておられません。私は以前趙に行ったことがあり、彼の地の豪傑・地形を知っております。どうか私に別働隊を与え北の趙の地を攻略させてください。

大王挙梁・楚而西、務在入関、未及収河北也。臣嘗游趙、知其豪傑及地形、願請奇兵北略趙地。

とある。これによれば呉広に率いられた西方派遣軍は北方へのそれよりも早い時期に派遣されており、軍団ごとに派遣時期には前後があるとみられるものの、それらはいずれも陳王即位から間もない頃と考えてよい。

これらの中でその当初比較的順調に地域支配を進めたのは北方派遣軍だった。武臣の軍団は趙の豪傑たちを説得し即座に十城を下し、さらに地方長官に対する懐柔策を取ることで三十数城を下している。それに対して東方派遣軍の動きは必ずしも陳勝の意に沿うものにはならなかった。蘄から東方平定のために派遣されたはずの葛嬰は、陳勝の意図と大きく齟齬する動きを見せている。

葛嬰は東城に至り、襄彊を楚王に擁立した。後に葛嬰は陳勝が王として立ったことを聞き、襄彊を殺害し陳に帰還してそのことを告げようとした。陳につくと、陳王は葛嬰を誅殺した。

葛嬰至東城、立襄彊為楚王。嬰後聞陳王已立、因殺襄彊還報。至陳、陳王誅殺葛嬰。

また秦楚之際月表は葛嬰の動きを以下のように記録している。

葛嬰為涉徇九江、立襄彊為楚王。（二世元年八月）

嬰聞涉王、則殺彊。（二世元年九月）

誅葛嬰。（二世二年十月）

葛嬰が東城・九江に向かったとするこれらの記事に従うならば、葛嬰は蘄で軍を率いて出発してから東ではなく南に向けて進撃していることになる。後述するように、楚国北辺東部地域には陳勝集団の蜂起前後から多くの自立的武装集団が存在・活動していたようで、それらの地域は葛嬰にとって自らの勢力を扶植しにくい、侵攻の難しい地域と判断されたのだろう。『史記』の記述は簡略に過ぎ細かな事情は明らかにできないが、葛嬰が必ずしも陳勝の命に従って動いていないこと、陳勝とは無関係に王の擁立を行っていることからみると、あるいは葛嬰は陳勝の配下というよりも対等な同盟者に近い存在だったのかもしれない。そのような推測が成り立つとすれば、陳勝集団の予想外の拡大及び陳勝の楚王就位に対して、それを知りあわてた葛嬰が自らの擁立した王を殺害した上で陳勝にわびを入れようとしたが陳勝は許さなかった、というのが実際の事情だったのではないか(23)。

陳における各地への軍団派遣とは別に葛嬰を東方に送ったとの記録は、以上のように解釈し得る可能性があるものと思われる。また南の九江に派遣された鄧宗軍団も、以後関連記事が見出せないため詳細は不明だが、派遣の時期と地域から見て葛嬰討伐軍の性格を有していたと考えるべきではないだろうか。そうだとすれば、葛嬰の襄彊殺害、陳王への投降は鄧宗軍団の軍事行動の成果だったことになる。

これに加えて陳渉世家の後半部には、陳勝が王位に就いた頃に旧楚領域の東半で発生した大規模な反秦運動に対して陳勝が武平君畔を派遣したとの記事が見えている（後述）。この武平君畔こそ葛嬰にかわって東方平定を託された人物だろう。そして武平君畔も東方支配を成し遂げることはできず、東方地域の勢力によって殺害されている。

2　陳勝集団の展開―集団の分裂と崩壊―

陳勝が派遣した軍団は東方に関しては早い段階から挫折しその後も大きな展開が見られなかったが、北方・南方に関してはある程度の成果が得られたようである。これに対して、最も重要な方面でありながら十分な成果を挙げられなかったのが西方派遣軍だった。呉広を監軍として西方に進んだ陳勝軍は秦と激戦を繰り広げたが、滎陽を奪取することがなかなかできず、戦線は膠着状態に陥った。

また北方派遣軍も早い段階で陳勝の意向に大きく反する動きを見せるようになる。北方に展開した武臣は秦楚之際月表によれば二世元年八月には張耳・陳余の意見を受け入れて陳勝から自立し趙王を名乗っている。さらに武臣が燕に派遣した韓広も、燕の人々に推されて九月には燕王として自立している。北方燕・趙地域は二世元年末までには陳勝政権から実質的に独立することになった。

このように事態が展開する中で陳勝は遅くとも八月中には、陳周辺の新たな人材の登用に着手したようである。陳勝は地域の豪傑たちと会談し、まず房君蔡賜を上柱国に登用した。このことは初発時の陳勝集団と無関係だった人々が張楚の内政の要職に就く状況が発生していることを意味する。これと同時期に、軍事面においても同様に新しい将軍が任命された。陳渉世家には次のような記事がある。

周文は陳の賢人である。かつて項燕軍の視日をつとめ、春申君に仕えていたこともあり、自ら兵事に熟達していると称していた。陳勝はこの人物に将軍の印を与え、西進して秦を討たせた。

周文、陳之賢人也。嘗為項燕軍視日、事春申君、自言習兵。陳王与之将軍印、西撃秦。

これが陳勝による軍団派遣の第三段階である。陳勝は周文の業績を信頼し、西方の膠着状態を打開するために彼に軍団を与えて西方攻略に派遣したものとみられる。周文の軍団は呉広の管理下からは独立したものだったようで、呉広配下の軍団が滎陽を攻めあぐねている中、函谷関を破り戯に至っている。しかし、秦楚之際月表によれば九月には秦の将軍章邯の軍団に敗退、二世二年十一月には周文も自刎するに至った。周文の敗北は呉広の軍団にも深刻な影響を与え、呉広配下の将軍田臧らによる呉広謀殺を引き起こしている。陳勝は呉広を殺害した田臧に楚令尹の印を与え上将に任じたが、田臧も章邯軍に敗れ、滎陽も秦軍に奪回されるに至り、陳勝の西方派遣軍は壊滅に追い込まれた。その後陳勝自身も秦軍によって陳を追われ、十二月には死亡している。

以上、張楚政権は陳勝の死去により蜂起からほぼ半年で崩壊した。しかしその過程で、戦国時代の旧六国がおおよそ復活し、それらの国々は以後の秦末楚漢期の政局に一貫して政治的影響力を及ぼし続けることになる。次節では、この時期の反乱に対する反応を「国」ごとに整理することを通じて、反秦運動全体の中での陳勝集団の位置と楚域の特質について検討してみよう。

第三節　陳勝呉広の乱からみた地域の特質

1　趙・燕の動向

大沢郷で蜂起した集団は、陳勝が将軍、呉広が都尉となり、秦の公子扶蘇と楚の将軍項燕の軍と詐称して進撃、蘄・銍・酇・苦・柘・譙を攻略して陳に至り、その地での三老・豪傑の推戴により陳勝が王となった。『史記』秦始皇本紀はこの時期に各地で「少年」に先導される反秦の動きが頻発し、侯王を名乗る多くの反秦勢力が林立したことを伝えている。しかし実際にはそれほど強力な勢力が存在しない地域も多かったようである。例えば趙の場合には、次のような事態がおこったと伝えられる。

張耳陳余列伝によれば、陳勝により将軍に任じられた陳人武臣は北方の趙へ侵攻した。白馬より黄河を渡った武臣らは、河北諸県の豪傑たちを説得し、秦の非を説くことで数万の兵を集め趙の十城を下したが、それ以外は頑強に抵抗し下すことができなかった。そこで武臣軍は進路を東北に取り、范陽を攻め、范陽の人蒯通の仲立ちにより范陽令に侯印を与え地位を安堵した。これにより、趙で戦うことなく武臣に従った者は三十余城に達した。邯鄲に入った武臣に対して、張耳・陳余は次のように説得したという。

将軍は今三千の兵を以て趙の数十城を降されましたが、一人河北に孤立しておられ、王とならねばこの地を抑えるのは無理でしょう。かつ陳王は讒言を聞く人で、帰還して報告を行っても禍を逃れるのは難しいでしょう。また（陳王は趙に）自分の兄弟か、そうでなければ趙の後裔を立てるでしょう。将軍は時を失ってはならず、息をつく時間はありません。

将軍今以三千人下趙数十城、独介居河北、不王無以填之。且陳王聴讒、還報、恐不脱於禍。又不如立其

兄弟、不、即立趙後。将軍毋失時、時間不容息。（張耳陳余列伝）

この忠告を聞き入れた武臣は、陳勝配下の一部将からの自立を決意し趙王となった。それに対して陳勝は討伐を行うことはできず、かえってその王位を認めた上で秦攻撃を命じたが、武臣は従わなかったという。武臣が李良によって殺害されるのは二世二年十一月(24)、趙王歇が立つのはその二カ月後の二世二年端月である(25)。趙の諸城には武臣軍の攻撃に対抗し得る力を持ったものが少なからずあったようだが、武臣が懐柔策をとるとあっさりその軍門に下っている。この記事を見る限り、趙に強力な反秦武装勢力が存在した形跡は見出しがたく、同時に諸城を支配する郡県の長官ももっぱら自らの地位保全に腐心している、という構図が描けそうである。

また、趙王武臣は部下の韓広を燕に差し向けた。その結果、燕でも趙と類似した事態が繰り返された。

（趙王は）もとの上谷の卒史韓広に兵を与えて燕の地を平定させた。燕のもとの貴人豪傑が韓広に言うには「楚は既に王を立て、趙もまた王を立てました。燕は小なりとはいえ万乗の国です。どうか将軍よ燕王となってください」。韓広は「私の母が趙にいるので無理だ」と答えた。すると燕人は「趙は西に秦、南に楚の憂いを抱えており、我々を敵にまわす余裕はありません。また楚の強大を以て趙王将相の家人を害することができないのに、どうして趙のみが将軍のご家族を害することができましょうか」と言った。韓広はもっともだと考え、自立して燕王となった。数カ月のうちに趙は燕王の母と一族を燕に送り届けてきた。

（趙王）遣故上谷卒史韓広将兵北徇燕地。燕故貴人豪傑謂韓広曰、楚已立王、趙又已立王。燕雖小、亦万乗之国也、願将軍立為燕王。韓広曰、広母在趙、不可。燕人曰、趙方西憂秦、南憂楚、其力不能禁我。且以楚之彊、不敢害趙王将相之家、趙独安敢害将軍之家。韓広以為然、乃自立為燕王。居数月、趙奉燕王

母及家属帰之燕。（陳渉世家）

韓広は燕の貴人豪傑に推され自立して燕王となったという。(26) 燕の場合も強力な民間武装勢力の抵抗は見出しにくい。自国に侵攻してきた将軍を王に推すというこの行動は、戦国期における国の枠組みが秦末期の人々にとっても既存の重要な枠組みとして意識されていたことを示すと同時に、燕領域内に王として推され得るほどの勢力を有する人物が最早存在しない状況を示すのではないか。

2　魏・韓の動向

ここまで見てきた趙・燕と同様に魏でも、陳渉によって派遣された周市により平定された後、周市を魏王に推す勢力が広く存在したようである。陳勝が王位に就いた頃、もとの魏の寧陵君魏咎は陳勝のもとに身を寄せた。

陳王は魏人周市に魏を平定させ、魏の地が降ると人々は周市を魏王とすることを望んだ。周市は「天下が乱れると忠臣が現れるという。今天下は共に秦に反しており、義として魏王の後こそ立てるべきである」と言った。斉・趙はそれぞれ車五十乗を派遣して周市を魏王に立てようとしたが、市は固辞し、魏咎を陳から迎えようとした。使者が五回往復した後に陳王はついに咎を立てて魏王とした。

陳王使魏人周市徇魏地、魏地已下、欲相与立周市為魏王。周市曰、天下昏乱、忠臣乃見。今天下共畔秦、其義必立魏王後乃可。斉・趙使車各五十乗、立周市為魏王、市辞不受、迎魏咎於陳。五反、陳王乃遣立咎為魏王。（魏豹彭越列伝）

魏人や趙・斉は周市を魏王にしようとしたが、周市が固辞したため果たせず、結局魏咎が王位に就いたという。「五反」したとは、陳勝が魏咎を魏王とすることに難色を示しそれが容易に実現しなかったことを意味するものと考えられよう。そうだとすれば陳勝は魏咎を王として魏を復国させる意図など有していなかったことになる。いずれにせよこの場合でも、陳王の将軍か、さもなければ陳王の下に身を寄せる旧王族かという二つが、魏王を立てる際の選択肢となっているようなのである。

『史記』の記事を見る限り、周市を立てようとする人々も、それを拒む周市も、「魏」という戦国期以来の枠組みに従って王を立てることの正当性を疑っている気配は見出せない。魏人は燕の場合と同様に、陳勝が派遣した軍団が地域を平定した後も、陳勝に服属するのではなく陳勝軍の将軍を陳勝と対等な王として推戴することで戦国期の枠組みを前提とした地域の自立性を維持する方針を選択している。武臣が趙王として立つことに対する地域の抵抗が確認できないことも含めて、これらの記事からはどのような形であれとりあえず自前の王を立てて地域の自立を望むのがこの時期に広く見られた思考パターンだったことを読み取り得よう。

なお韓については、陳勝は呉広を仮王として滎陽攻略を行っているが、三川郡守李由の堅固な守備により陥落させることはできなかった。旧韓の地を含む三川郡は、大櫛敦弘によれば秦にとって「関中の『防波堤』として東方からの軍事的進行を阻止」しつつ「東方へと軍事力を展開する『橋頭堡』」で、「統一秦において特別な位置付けがなされ、その統制が格段に強く及ぶ地域」だった[27]。このような地域を含む韓地の攻略は趙・燕に比べてかなり困難だったものとみられ、田臧による呉広謀殺の後この地は秦により再制圧されている。また韓人による抵抗勢力としては「少年百余人」(留侯世家)に始まる張良の集団が見出されるが、張良集団も実際に活動を開始した地域は下邳で、旧韓領域からは遠く離れている。張良は後に項梁に進言して「韓の諸公子横陽君成」を韓王とすることに成功するけれども、その後の韓における旧領回復は容易でなかった。韓王成は張良とともに旧韓の都市を攻略し数城を得たが、それらは秦にすぐ取り返され、韓軍は安定した根拠地を築くことができなかったようである。[28] 韓には秦の力が他地域に比べて強く浸透しており、王を立てるに至らず民間抵抗勢力の成長も生じにくかったものと思われる。[29] 韓の自立は二世二年六月に韓王成が立つのを待たねばならない。

ここまで見てきた事例は全て陳勝が王位にあった数カ月の間に起きた出来事である。これらの記事から見ると、趙・燕・魏といった三晋・北方地域には、地方長官が排除されてしまった後には陳勝の軍団に対抗して王たり得るような勢力はもはや存在しなかったものと考えられ、陳勝により派遣された集団のリーダーの判断が地域全体の帰趨を決定する状況がごく短い期間で成立している。

3　斉・楚の動向と斉・楚・三晋交界地域

三晋・燕とはいささか異なる状況が見られるのが斉・楚である。先にもふれた周市は、魏の平定を命じられ、北方の狄に進出した。

陳渉は蜂起して楚の王位につくと、周市に魏を攻略させ北の狄に至ったが、狄城は守りを固めていた。(狄にいた) 田儋は偽って奴隷を縛りあげ、少年たちを従えて廷に行き、奴隷を殺す許可のための謁見を求めた。狄令が現れるとそれを殺し、そして豪吏子弟を召し出して言った。「諸侯はみな秦に反して自立している。斉は古来の国であり、儋は田氏、まさに王たるべき者である」。かくして自立し斉王となり、兵を発して周市を討った。周市の軍は退却し、田儋は兵を率いて東進し斉の地を攻略平定した。

陳渉之初起王楚也、使周市略定魏地、北至狄、狄城守。田儋詳為縛其奴、従少年之廷、欲謁殺奴。見狄令、因撃殺令、而召豪吏子弟曰、諸侯皆反秦自立。斉古之建国、儋、田氏、當王。遂自立為斉王、発兵以

撃周市。周市軍還去、田儋因率兵東略定斉地。（田儋列伝）

「故斉王田氏族」田儋は「豪吏子弟」の前で王たることを宣言し短期間で斉を平定した。田儋死後も斉人は王族田假をただちに斉王に擁立、田儋の弟の田栄がこれを打倒し田儋の子の田市を斉王に立てる。また斉は後に項羽により一旦三国に分割されそれぞれ田氏の王が立てられるが、それを不満とした田栄が三王を滅ぼし斉を統一して斉王と号した。このように斉で発生した抗争の主体はすべて旧王族とみられる田氏だった。北方・三晋と異なり、斉では独自の勢力を有した王族関連集団が能動的に覇権争いの主体として活動していたものと思われる。

また旧楚地域も前述の諸地域とは事情が大きく異なっているようである。陳勝政権期の楚について注目すべきは自立的武装集団の多さであり、陳勝が王を称した時期にも江東の項梁集団、南方長江流域の「群盗」黥布集団、下邳の「少年百余人」が従う張良集団、東陽で二万を結集し後に項梁集団と合流する陳嬰集団等の有力集団が少なからず見出される。これらの集団は必ずしも陳勝政権に従属していたわけではない。この時期に陳勝政権の支配力が及んだ範囲は戦国時代の楚域の広さから見れば決して広大なものではなかった。

陳勝は二世元年七月に陳で土地の父老豪傑により王に推戴されている。侵略軍の将が王に擁立されるというのは前述した燕・魏における王の推戴と同様のパターンである。陳勝が根拠地とした陳は三晋に近接しており、楚域内でもこの地域は特に三晋・燕と共通点が多かったとみてよいかもしれない。

旧楚域西方の三晋と接する地域は陳勝の張楚によってほぼ制圧されたが、楚域東方については大きく事情が異なる。前節で言及したように、陳勝が派遣した四方への軍団のうち東方に派遣されたそれは早い段階で挫折し、以後陳勝の軍団については楚域東方における目立った動きを見出すことができない。項羽本紀に広陵の人召平が陳勝政権を支持しつつ軍事行動を行っていた記録が見え、楚国東方地域南部にも陳勝政権による軍団派遣は行われた可能性がある。しかしそれが広域を制圧するに至った形跡は見出し難い。項梁集団が陳勝政権の一翼として活動を開始するのは陳勝政権崩壊以後である。

また楚域東方北部にも陳勝政権の支配下にない自立的武装勢力の活動を見出すことができる。次にあげる記事は、陳勝が王位に就いた前後の出来事についてのものである。

陳王が王となった頃、陵人秦嘉・銍人董緤・符離人朱雞石・取慮人鄭布・徐人丁疾がそれぞれ独自に挙兵し、兵を率いて東海郡守慶を郯に囲んだ。陳王はそれを聞き、武平君畔を将軍にして、郯周辺の軍を監督させた。秦嘉はその命に従わず、自立して大司馬と称し、武平君に従うのを嫌った。秦嘉は軍吏たちに告げた。「武平君は若造で兵のことを知らず、命令を聴く必要はない」。そして陳王の命と偽り武平君畔を殺害した。

陳王初立時、陵人秦嘉、銍人董緤、符離人朱雞石、取慮人鄭布、徐人丁疾等皆特起、将兵囲東海守慶於郯。陳王聞、乃使武平君畔為将軍、監郯下軍。秦嘉不受命、嘉自立為大司馬、悪属武平君。告軍吏曰、武平君年少、不知兵事、勿聴。因矯以王命殺武平君畔。

ここに見える陵・銍・符離・取慮・徐はいずれも陳より東の楚の北辺地区に位置する都市である。秦嘉・董緤・朱雞石・鄭布・丁疾は自らの拠点である都市的集落の人々を武装集団として組織し、秦の郡守への反抗を開始したものと考えられる[30]。それに対して陳勝は楚王を自認する立場から将軍を派遣したが、秦嘉らを自らのコントロール下におくことはできなかった。またこれらの集団はやがて秦嘉を中心とする大集団として楚の北東部で連合し、陳勝死後は独自に楚王を擁立するに至る。

このように陳勝政権期の楚には、西方の陳勝政権以外にも各地に自立的武装勢力の存在が確認され、全体として強い地域的分立傾向を見出すことができる。その中でも、都市レベルの反秦抵抗運動の頻発が記録されている楚国東方北辺地域は特に多くの武装集団の跋扈する政治的に錯綜した地域だった可能性があるだろう。

そしてこの楚国東方北辺都市群のやや北にあたる春秋時代の宋の領域、戦国末期における斉・楚・魏の交界地域こそが後に漢帝国を築き上げる劉邦集団の初発の地に他ならない。劉邦が初期に身を潜めたのはこの地域の「沢」で、彭越集団の結成された鉅野沢も同地域に含まれる。政治権力の侵入しにくい政治的に分断された地域における広大な「沢」の存在と、それと比較的近い位置にある都市的集落の少年たちの存在が、劉邦集団の勢力強化の基盤にあった。

またこの三国の交界地域は、政治的領域の接点だっただけではなく、本章で検討してきた性格の異なる三つの地域の接点でもあった。秦末の旧六国地域は、自立的反秦武装勢力があまり見られず陳勝により派遣された将軍を王として擁立しようとする地域、旧王権関連勢力が力を維持し続ける地域、多数の反秦武装勢力が林立する地域の三種類に類型化することができ、劉邦集団が生み出されたのはこの三つの傾向の異なる歴史的空間の、まさしく交界地域だったのである。

4　東方六国の地域的特質

ここで一旦まとめを行っておこう。陳勝政権期の旧六国中、三晋および燕では、その地域における自前の強力な抵抗運動は文献上から見出しにくい。それらの地域での反乱は基本的に小規模なものにとどまり、外部の勢力に依存することで地域の自立性を維持することが選択される場合がほとんどだったようである。

これに対して斉では、旧王族勢力が強い自立性を維持しつつ、地域の政治的動向に主導的役割を果たしている。また楚の領域においては、旧王権との直接的な関係が希薄な民間武装集団が多く活動しており、その動きは伝世文献資料にしばしば記録されている。旧王族勢力と関係の薄いいわゆる「民衆」反乱の主導的な動きは旧楚領域に多く見出され、特に楚と三晋・斉との境界地域では、陳勝の自立とほぼ同時期に少なからぬ県で武装蜂起が発生していることが確認できる。

以上、この時期の旧六国地域には、自立的勢力の見出しにくい地域、旧王権関連勢力がある程度の力を維持し続ける地域、多数の民間武装勢力が勃興する地域の三種の類型が想定可能である[31]。陳勝は楚王を標榜したが、武装勢力の林立する旧楚域を政治的に統合することはできなかった。陳勝呉広の乱は旧楚域の諸集団に反乱を起こすきっかけを与えたが、それらの諸集団は必ずしも陳勝集団に従属していたわけではなかった。また陳勝によって各地に派遣された将軍たちは、しばしば戦国六国の国名を冠した王号を名乗り自立した。陳勝によって派遣された軍団の進出にともない浮かび上がってきたものは、秦帝国支配下では表面化しにくかった、戦国時代の「国」の枠組みだったのである。

これらの国々の復活は、陳勝・張楚によって積極的に後押しされたわけではない。魏王擁立時のやりとりや、趙・燕自立時のいきさつにも見られるように、陳勝の動きを旧六国復国を肯定的にとらえたものと考えるのは現存文献資料の記載からでは難しい。また、自立した諸国は張楚のコントロール下にあったわけではなく、張楚が主導し諸国が連合しての反秦戦争が遂行された具体的な例も見出すことができない。陳勝の張楚が反秦の盟主だったとの見方は成立し難いだろう。

おわりに

秦末の抵抗運動はごく短い期間で新たな領域的統合、秩序構築に向かっている。陳勝集団はその初発時に壇を築き旧六国の兵を称して決起したという。統一秦に対する民衆的抵抗の根拠は戦国期の伝統的王権だった。陳勝集団は旧楚領域を政治的に統合することはできなかったが、戦国王権の権威を借りることによって秦帝国に対抗し得る主体として自らを定義し直したのである。

そして戦国王権という枠組みを強く意識することは、陳勝集団に固有の傾向ではなかった。旧六国はいくつかの異なった地域的傾向を持っていたが、どの地域でも戦国時代の国名を冠した王の擁立は重要な問題とされた。反秦運動は、戦国期以来の彼らにとっての伝統的な国の枠組みを強く意識する人々に支えられる側面を持っていた。そしてこのことは秦末における反秦抵抗運動が、貧窮農民の暴動というよりも、ある程度の物質的豊かさと知的能力を有し地域の自立を目論む人々を主要な担い手とする運動という性格を色濃く持っていたことを示唆するだろう(32)。秦末の反乱は多くの場合、何らかの意味で有力な人物のもとに地域の人々が結集することで発生・拡大する「地域」の反乱という性格を強く持っていたのである(33)。

ここで戦国時代の歴史的性格を振り返るならば、それはわれわれが通常イメージするような中国という枠組みの未だ成立していない、大国間の外交関係を基調とする時代と把握することができるだろう。七国分立の情勢は三晋分裂以来、形を変えながらも二百年以上続いており、秦以外の六国の滅亡は統一直前の十年間に集中的に見られる現象に過ぎない。秦の優勢が明らかになってきた戦国後期においても、人々の頭の中には秦を中心とする「国際秩序」が強固な前提として存在していた(34)。秦末期の多くの人々にとって戦国期の国は長い間実体として継続してきた実感的な自明の枠組みだった(35)。

秦朝支配下において沈潜していた六国の枠組みは、陳勝呉広の乱に始まる抵抗運動とそれによって巻き起こされた紛争・戦乱の中で再び顕在化してゆく。秦帝国の一面において粗放な統一支配を背景として発生した秦末の抵抗運動は、旧六国という伝統的な枠組みの中に回収されることになった。楚漢戦争期の王権が持つ課題の一つはそのような枠組みへの対応ということになるが、この問題に関する具体的検討は次章以降において改めて行わなければならない。

第二章　註

（1）陳勝呉広の乱に関する研究文献は、山根幸夫編『中国農民起義文献目録』（東京女子大学東洋史研究室、一九七六）、西川素治編「中国農民戦争史研究文献目録　一九七五～一九八〇年」・「同補遺」（『中国農民戦争史研究』六、一九八一）等を参照。比較的近年のものについては、柴田昇「陳勝呉広の乱関連研究文献目録稿（一九七六～二〇〇九）」（『愛知江南短期大学紀要』四〇、二〇一一）参照。

（2）譚其驤「陳勝郷里陽城考」（『社会科学戦線』一九八一年二期）、陳昌遠「陳勝生地陽城考弁」（『中国農民戦争史研究集刊』第四輯、上海人民出版社、一九八五）、蘇誠鑑「陳勝故籍和出身」（『安徽史学』一九八六年第五期、張耀徵「陳勝郷里陽城新考」（『鄭州大学学報（哲学社会科学版）』一九九二年第二期）、斉克省「陳勝生地陽城応在今固鎮県境」（『淮北煤師院学報（社会科学版）』一九九八年第三期）、賀金峰「陳勝故里方城考」（『開封大学学報』第二〇巻第一期、二〇〇六）、辛徳勇「閭左臆解」（『歴史的空間与空間的歴史』北京師範大学出版社、二〇一三）、藤田勝久「『史記』陳渉世家のフィールド調査」（『史記秦漢史の研究』第二章附篇一、汲古書院、二〇一五所収、二〇一三初出）等。

（3）曾祥文「陳勝新論」（『四川師範大学学報』一九八八年第五期）。

（4）孟明漢・廖文俊「関于陳勝出身問題的探討」（『陽山学刊（社会科学版）』一九九三年第二期）。

（5）于敬民「陳勝身分考」（『中国史研究』一九八八年第三期）、于敬民・叢魯江「陳勝与秦代官爵秩」（『管子学刊』一九九七年第三期）。

（6）秦漢帝国論争の概要については、東晋次「秦漢帝国論」（谷川道雄編著『戦後日本の中国史論争』河合文化教育研究所、一九九三)。
(7)西嶋定生「中国古代帝国形成の一考察―漢の高祖とその功臣―」(『中国古代帝国と東アジア世界』東京大学出版会、一九八三所収、一九四九初出)、『中国古代帝国の形成と構造』(東京大学出版会、一九六一)。
(8)いずれも守屋美都雄『中国古代の家族と国家』(東洋史研究会、一九六八)に収録。
(9)増淵龍夫『新版　中国古代の社会と国家』(岩波書店、一九九六)九二・九七頁。
(10)影山剛「陳渉の乱について―秦末の乱序説　第一章―」(『福井大学学芸学部紀要(社会科学)』一〇、一九六〇)。
(11)松崎つね子「陳勝・呉広の乱を起点とする社会的変動―秦漢交替期の一考察―」(『駿台史学』二五、一九六九)。
(12)好並隆司「前漢帝国における小農民の闘争」(『秦漢帝国史研究』未来社、一九七八所収、一九七〇初出)。
(13)この他に重要な成果としては、八〇年代に入ってから発表されたものだが、漢代民衆反乱全体を見直そうとする中で陳勝呉広の乱を取り扱った、福井重雅『古代中国の反乱』(教育社、一九八二)がある。
(14)なお中国における秦末反乱研究は、古史分期問題とも関連しながら、史書に出現する秦末漢初の人々を六国旧貴族層から貧窮農民層に至る諸社会階層のいずれの立場を代表するものと位置付けるべきかを確定するための研究として展開し、陳勝集団の性格についても貧窮農民層を代表するものか否か、どのような階級の利益を代表するものかを問題にするものが主流だった。この点については項羽・劉邦等に関しても基本的に同様である。比較的近年の典型的な例として、張煥香・楊輝「評陳勝・劉邦・項羽的反秦思想」(『河北広播電視大学学報』八―一、二〇〇三)を挙げておく。
(15)秦漢期の少年について網羅的に検討したものとしては、王子今「説秦漢〝少年〟与〝悪少年〟」(『秦漢社会史論考』商務印書館(北京)、二〇〇六)。
(16)江村治樹は「(秦末の)郡県の長官を攻撃目標とした各地の反乱は、都市の「少年」や「父老」、「子弟」が中心となって起こした都市の反乱と位置づけてよい」とする(『春秋戦国秦漢時代出土文字資料の研究』汲古書院、二〇〇〇、四〇六頁)。また江村治樹『戦国秦漢時代の都市と国家　考古学と文献史学からのアプローチ』(白帝社、二〇〇五)二二五~二三六頁にも関連する記述がある。

(17) 木村正雄「秦末の諸叛乱―特に陳勝集団の性格と機能をめぐって―」(『中国古代農民叛乱の研究』東京大学出版会、一九七九所収、一九七一初出)。

(18) 木村正雄「秦末の諸叛乱―特に陳勝集団の性格と機能をめぐって―」一九五頁。

(19) 田余慶「説張楚―関于〝亡秦必楚〟問題的探討」(『秦漢魏晋史探微(重訂本)』中華書局、二〇〇四所収、一九八九初出)。

(20) 李開元「秦末漢初の王国」(『漢帝国の成立と劉邦集団』第三章、汲古書院、二〇〇〇、一九九八初出)八五～八九頁。なお陳勝の王位就位の根拠として李の主張する「功」「徳」に関しては松島隆真による批判がある。松島隆真「陳渉から劉邦へ―秦末楚漢の国際秩序―」(『史林』九七―二、二〇一四)一一～一四頁。

(21) 藤田勝久「戦国・秦代の軍事編成」(『中国古代国家と郡県社会』第一編第三章、汲古書院、二〇〇五、一九八七初出)、『史記』陳渉世家のフィールド調査」(『史記秦漢史の研究』第二章附篇一、二〇一三初出)、「秦始皇帝と諸公子について」(『史記秦漢史の研究』第三書第二節、二〇〇二初出)、「『史記』秦漢史像の復元―陳渉・劉邦・項羽のエピソード―」(『史記秦漢史の研究』第五章、二〇〇四初出)、『項羽と劉邦の時代　秦漢帝国興亡史』(講談社選書メチエ、二〇〇六)。

(22) ここに挙げた東西南北への派遣軍以外にも、陳渉世家には陳勝死後のエピソードを記す部分に銍人の宋留が陳王の命で南陽を平定したとの記事が見えるが、宋留軍の性格については不詳とせざるを得ない。

(23) 影山剛は、「別動隊の主力は蘄の陥落を知ってこれに呼応して参加してきた周辺の農民の集団に相違なく、葛嬰もその一人或は指導者であったとも考えられる」とする。影山剛「陳渉の乱について―秦末の乱序説　第一章―」二八頁。

(24) 李良殺武臣、張耳・陳余走。(秦楚之際月表、二世二年十一月、趙)

(25) 趙王歇始、張耳・陳余立之。(秦楚之際月表、二世二年端月、趙)

(26) 張耳陳余列伝は、このとき趙と燕の間に紛争があり趙王が燕に捕えられたことを伝える。

(27) 大櫛敦弘「三川郡のまもり―「秦代国家の統一支配」補論―」(『人文科学研究』一五、高知大学人文学部人間文化学科、二〇〇九)三六頁。

(28) (張)良乃説項梁曰、君已立楚後、而韓諸公子横陽君成賢、可立為王、益樹党。項梁使良求韓成、立以為韓王。以良為

(29) 韓申徒、与韓王将千余人西略韓地、得数城、秦輒復取之、往来為游兵潁川。(留侯世家)
田余慶は、韓の復国が遅れた原因について首都の近さから陳勝がそれを望まなかったからと推測しているが(「説張楚—関于〝亡秦必楚〟問題的探討」『秦漢魏晋史探微(重訂本)』二四頁)、その他の国々に対しても陳勝の側から復国や王の擁立を積極的に望んだ明らかな形跡を見出すのは難しい。六国の復活はあくまでも結果であって、陳勝政権の意図というよりも、同時期における戦国以来の国の枠組みが持つ規制力にこそ注目すべきと考える。
(30) 木村正雄は秦嘉らをもともと陳勝集団から分かれた勢力と見ている(『中国古代農民叛乱の研究』一三六頁)。しかし陳渉世家の他の例から見て、秦嘉らの動きが陳勝と関わるものだったとすれば、それを示唆するより明確な記述が世家中に存在していなくてはならないのではないだろうか。本章ではこれらをそれぞれ独自に起兵した勢力と理解している。
(31) 大櫛敦弘は秦末楚漢戦争期の各国の特質を「地域としての一体性」「旧来の枠組み」「自立的傾向」等の強弱を基準として、それらが顕著な地域(斉・楚)、希薄な地域(韓)、中間的な地域(魏・趙・燕)に分類している。大櫛敦弘「燕・斉・荊は地遠し—秦漢統一国家と東方地域—」(『海南史学』五五、二〇一七)一一～一二頁。
(32) 藤田勝久は陳勝らが秦の公子扶蘇を称したことについて、扶蘇が楚王室につながる人物だった可能性を指摘している(「秦始皇帝と諸公子について」『史記秦漢史の研究』第三章第二節)。この指摘に従えば、陳勝らは王家内部の人間関係に関してある程度の知識を持つような知的環境にいた人々を早い段階でその構成員に含んでいたことになるだろう。
(33) そのような地域の反乱であったことこそが両漢交替期の反乱と比較したときの秦末反乱の特質であることについては、柴田昇「赤眉集団研究史」(『両漢交替期研究(名古屋中国古代史研究会報告集3)』名古屋中国古代史研究会、二〇一四)一〇五～一〇六頁。
(34) 大櫛敦弘「統一前夜—戦国後期の「国際」秩序—」(『名古屋大学東洋史研究報告』一九、一九九五)。
(35) このような国々が並立している体制を、以下本書では「戦国七雄並立体制」と呼ぶ。

第三章　『史記』項羽本紀考

はじめに

秦末反秦抵抗運動の過程で陳勝集団にやや後れて会稽で蜂起した項梁を中心とする武装集団は、数カ月後には陳勝政権の一翼として西進を開始した。そして短期間に旧楚領域の武装集団との連合を繰り返し大軍に膨れ上がった。また陳勝死後には、項梁は楚王の擁立、楚国復興において重要な役割を果たした。楚国復興から間もない時期に項梁は秦の章邯軍との戦闘で戦死するが、そのあと甥の項羽は秦軍を打ち破り入関し、秦王嬰を殺して秦帝国を滅亡させ、いわゆる十八王封建を実行するに至った。

以上は、『史記』に描き出された項梁・項羽の業績を略述したものである。秦末期の政治過程を考える上で項梁・項羽の存在感は大きい。特に項羽は、漢の高祖劉邦のライバルとしてしばしば小説・映画などの素材にもなってきた。また『史記』は項羽を本紀に列しており、それは後世においてしばしば批判の対象となっている。しかし、『史記』に対するそのような批判自体が後世の名分論的価値観に縛られたものであること、項羽本紀が『史記』の体例に合わない一篇とは言えないことは、既に指摘されている。項羽本紀という部分が設定されていること自体が『史記』の歴史意識・人物評価と密接に関わっており、『史記』にとって項羽が特別な人物として位置づけられていることの表現なのである。

第一章・第二章では、秦末反乱の基層にある社会の状況と陳勝政権活動期の政治的動向について検討した。本章では、項羽について記録した主要な史料である『史記』項羽本紀に関して、高祖本紀との比較を中心とする基礎的な検討を行いたい。本章の検討は次章以降で行う項梁・項羽集団及び劉邦集団に関する歴史的分析の前提となるものである。

第一節　『史記』の構成と項羽本紀

『史記』の本紀に項羽が列されていることについては古くから多くの批判がなされてきた。班彪「略論」は司馬遷の文章そのものには高い評価を与えつつ、『史記』が項羽・陳勝を不相応に高い位置に記述したことを非とする。(1) 班彪の子、班固は『漢書』において『史記』の文章を大部分は踏襲しながら、項羽を帝紀ではなく陳勝とともに列伝に排列した。劉知幾『史通』も項羽は覇王すなわち当時における諸侯なのに「本紀」に列するのは誤りとする。(2) 趙翼『廿二史劄記』各史例目異同も『漢書』の排列を支持している。シャヴァンヌも次のように述べている。

司馬遷は項羽に本紀中の一篇をさいているが、項羽は数年にわたり漢と対立したとはいっても、漢に破られて王朝を建設するにはいたらなかったし、また楚王の位を継ぐべき子孫も残さなかった。項羽は本紀にも、世家にもおかるべきではなく、列伝にいれらるべきであり、班固の『漢書』ではそうなっている。(3)

以上、『史記』の構成に対して批判的な立場をとる諸説の論拠は基本的には、本紀は帝王の伝記・歴史であるはずなのに本人が帝王の座についたわけではない項羽をその中に列するのはおかしい、ということに尽きる。これに対して比較的近年の多くの研究においては『史記』の構成を『史記』そのものの論理の中からとらえようとする立場が主流化している。ワトソンはこの問題について次のように述べている。

批判者は項羽の歴史を本紀の中に入れるのは妥当ではないと主張した。本紀は皇帝のために設けられるべきだと考えたからである。しかし司馬遷が本紀を編んだとき、そんな定義はもっていなかった。彼は「本紀」という名称を用いたのである。その名称を「帝紀」と改めたのは後世の歴史家であった(4)。

そして司馬遷は彼の「現実主義」に沿って、「実際の支配者について記す本紀に項羽の歴史を置いた(5)」ものとする。

これと同じく司馬遷のとった立場を積極的に評価するものとして、竹内康浩は「庶民から出て王朝支配をひっくりかえした古今未曾有の人物という点」を司馬遷が評価し、「そうした項羽の業績や運命に人知を越えた何ものかを感じていた」故に本紀扱いとしたとする(6)。吉本道雅は項羽・呂后に本紀を立てることや陳勝に世家を立てること等について、「これらの全てを『史記』の独創に帰することは疑わしい」とし、『史記』の構成と前漢初期の通念との関連を示唆する(7)。そして「『史記』そのものを史学史ないしは学術史に位置付けようという場合、班彪・班固父子のそれの如き儒家の物差しに基づく批判ということがそれ自体意味があるのか(8)」とする。また藤田勝久は項羽本紀の構成を秦楚之際月表と比較・分析し、項羽本紀について「著作の体例にあわない一篇ではなく、むしろ王者の紀年を重視し、天命と地上の行為の関連を原理として示そうとする太史令の立場からすれば、本紀にすることが必然であった(9)」と述べる。

以上の諸説は『史記』の構成を、本紀はかくあるべしといった後世の定義によって批判するのでなく、『史記』自体が持つ内在的な論理と『史記』を成り立たせている歴史的な状況を踏まえて理解しようとする点において共通性を持つ。項羽本紀設定の理由については議論の余地があるにせよ、項羽が本紀に列されていること自体に対する名分論的な批判は、少なくとも『史記』を歴史的に理解しようとする立場からはもはや大きな意味を持たないと言ってよい。

『史記』自体の内在的な論理を理解しようとする立場と関連して、宮崎市定は司馬遷が「対立の中から新しい政権が生ずるものだという史観を抱き、その史観が活き活きと現れるように工夫をこらして、本紀を書きあげた」[10]とし、「秦の始皇帝の後に、如何ようにして漢王朝の政権が樹立されたかを如実に示そうと思えば、その中間の橋渡しを勤めた項羽の事績を詳細に語るに如くはない。読者に対するサービスとして司馬遷は最善を尽したことになる」[11]として、読者を意識した叙述という観点から『史記』の構成を評価する。また二つの本紀を並べることの意義について武田泰淳は「「項羽本紀」と「高祖本紀」はたてに時間的につながっているのではなく、よこに空間的につながっている。……「本紀」の重点は項羽個人にあるばかりではない。高祖にばかり負わされているのではない。項羽と高祖という対立する要素の運動に重点がある」[12]と述べる。『史記』はしばしば複数の本紀・列伝等を関連づけることによって複雑な事態や人物像を描き出そうとする。[13]そして今鷹真が、人間類型を描くことに関する司馬遷の卓越した手腕を示す代表的作品として「項羽本紀と高祖本紀の鮮やかな対照」[14]を挙げているように、項羽本紀と高祖本紀の時間的並行性、及び項羽と高祖との対照性・相補性は、『史記』そのものの性格を考える上でも改めて検討する意義のあるテーマであるように思われる。節を改めて、項羽本紀・高祖本紀に見える関連記事について具体的に検討してみよう。

第二節　『史記』の中の項羽と劉邦（1）

『史記』項羽本紀冒頭部によれば、項梁は殺人を犯したために仇を避けて呉中に逃れており、項羽もそれに同行していた。項梁のもとには呉中の「賢士大夫」が集まっていた。また項羽については、書や剣には興味を示さず、多くの人を動かす兵法には関心を持ったがそれを究めるには至らなかったとされる。

この時期の項羽に関して、始皇帝を見て取って代わらんとする意気込みを語った項羽を項梁が諫めたエピソードはよく知られている。

秦の始皇帝が会稽に行幸し浙江を渡った時、項梁と項羽は一緒にその様子を見た。項羽は言った。「彼にとって代わるぞ」。項梁は項羽の口を押さえて「滅多なことを言うな。族刑にされる」と言った。しかしこのこと以降、項梁は項羽のことを奇傑とみなすようになった。

秦始皇帝游会稽、渡浙江、梁与籍倶観。籍曰、彼可取而代也。梁掩其口、曰、毋妄言、族矣。梁以此奇籍。

王朝に対する反逆の意志の表明ともとられかねない項羽の言葉は、彼の人格を端的に表現するものと意味づけられてきた。このエピソードが高祖本紀に見える劉邦のそれと対になっていることは容易に理解されよう。

高祖はかつて咸陽に徭役で出向き、たまたま自由に始皇帝を見る機会を得て、大きなため息をついて「ああ、男子たる者あのようでありたいものだ」と言った。

高祖常繇咸陽、縦観、観秦皇帝、喟然太息曰、嗟乎、大丈夫当如此也。

項羽が始皇帝に取って代わらんとする野望をあからさまに見せたのに対し、始皇帝を見た劉邦は、始皇帝を称賛しつつ嘆息したという。これに関して武田泰淳は次のように述べる。

この一節も高祖の気宇の壮大さを物語るものであるが、項羽の言葉とはおのずから異なっている。粗暴で烈火のようにもえさかる項羽の気性とはちがい、智略があり計画的なわりにはどこか受身な高祖の性格がしのばれる。「項羽本紀」と「高祖本紀」の各々に、こうして同じような情景を書きとめておいたのは、司馬遷の工夫である。(15)

また武田は「怒る」という言葉に注目し、

「項羽本紀」には「怒る」と云う文字がよく出てくる。何かあると項羽は怒る。そして動作を起すのである。……まことに項羽の怒りははげしい。怒りにかりたてられて一生を終っている。「笑う」などという文字はほとんど見えない。項羽はいよいよ自分が最期をとげる前に一回笑っただけである。……ところが「高祖本紀」の方には「怒る」と云う文字がほとんどない。「怒る」という文字が出てきても、「怒る」人はみな項羽である。高祖はほとんど怒らない。ただ一回、臣下のものがあまり立派な宮殿をこしらえたのを見て、どうしてこの非常時にこんな馬鹿な真似をするか、と怒っただけである。この一回も陰性で計画的で、雷電のような項羽の怒りとはくらべものにならない。対立する二つの中心の一方が怒ってばかりいるのに、一方はまるで怒らないのである。(16)

という。

武田の書きぶりはやや大げさだが、確かに項羽は激しい怒りをしばしば示す。それは時には数万人を穴埋めにして殺害するほどの激烈さを持つものだった。これに対して高祖本紀における劉邦は滅多に怒りを見せない。たとえば蜂起の初期に雍歯に裏切られて豊邑を失った時、劉邦は「病」み、雍歯を「怨」んだという。普通なら怒ってもよさそうな場面でも劉邦は、ショックで「病」んだり相手を「怨」んだりするのである(17)。

これらの対比的な記述は、勇猛かつ残酷な武人としての項羽と、懐の深い長者としての劉邦という、後に様々に変形されながら語り続けられる性格描写の原点と言ってよい。

第三節 『史記』の中の項羽と劉邦（2）

項羽本紀と高祖本紀を読み比べた時、もう一つ、容易に気付くことができる相違点がある。それは高祖本紀にしばしば神怪な超自然的現象が見出されること、そして項羽本紀にはそのような記事がほとんど見えないことである。『史記』高祖本紀が記録する劉邦の前半生は、劉邦と神的な世界との特別な関係を示唆する説話的記述に満ちている。

そもそも劉邦が生まれたのは、「大沢の陂」で眠っていた母が夢の中で神に遇ったことによる。そのとき空は真っ暗になり雷が鳴り、父太公は劉邦の母である劉媼の上に蛟龍がいるのを見たという。劉邦は龍に感じた母から生まれたとされており、そのためか長じても酔って寝ているときその上には常に龍が見えたというのである。

また劉邦は酈山に送る人夫たちを豊の西沢で解き放ち秦への反抗を開始する。その時の記事には酔って沢中を歩きながら大蛇を切断したことが記され、その大蛇が実は「白帝の子」で、それを斬った劉邦が実は「赤帝の子」だったことが示唆されている。さらに始皇帝の「東南に天子の気がある」との言に対して、劉邦はそれは自分のことかと恐れ、「山沢巌石の間」に隠れたという。しかし妻の呂后は劉邦のいる場所にいつもたどりつくことができた。その理由は、呂后の言によれば、劉邦の上には常に雲気があったからだという。

これらの事象は「沢」と強いつながりを持っており、蜂起した頃までの劉邦に関する記録は神怪な現象が頻発する場としての沢をしばしばその舞台としていた。当時の沢はこれらの神怪な現象が発生するにふさわしい場と考えられていたのである。高祖本紀に記された劉邦に関する主に沢を舞台とする少なからぬ怪異は、無頼の集団のリーダーたり得る劉邦の異能を証明するものととらえられた。そして長者たる劉邦の人格とそれらの怪異が一体となって、劉邦の周りに人々を結集する力として機能していたと言えよう。

これに対して、項羽の生涯には劉邦に見られたような神怪な現象はほとんど付随していない。高祖本紀に劉邦の超常的出生譚が見られるのに対して、項羽本紀には項羽が誕生した状況に関する記事はその両親に関するものを含めて全く存在しておらず、項羽の両親が誰なのかは『史記』からはわからない。

『史記』の本紀においては、世界の王者となった人物とその系譜が記され、また王者の家系の起点には異常懐妊がしばしば記録される。殷・秦の祖先は玄鳥の卵を呑むことで、周の祖先は巨人の足跡を踏むことで懐妊したとされており、このような叙述パターンの存在を踏まえるならば、漢の開祖である劉邦が異常懐妊に関する説話を持っていることは『史記』の内的世界においては当然のことなのである(18)。そして以上のような基本的叙述パターンを有する高祖以前の『史記』本紀の中で、両親のことがわからず祖先の異常懐妊にも一切言及されない王者は項羽のみである。

蜂起前の項羽について項羽本紀には、八尺余の長身かつ鼎を持ち上げるほどの大力の持ち主で、才気に優れ呉中の子弟に恐れられる人物だったと記録されている。また項羽本紀中には自らの敵を虐殺する項羽の姿がしばしば描かれる。項梁に派遣されて陥落させた襄城では敵を穴埋めにし、項梁死後には章邯とともに降ってきた秦軍二十四万をまたも穴埋めにして殺した。救趙戦争を開始する際には上将軍宋義を楚懐王の命と偽って殺害し、入関時には劉邦が許し生かしておいた秦の降王嬰を殺害し、劉邦が保全しておいた咸陽の秦宮殿を焼き尽くした。

その火は三カ月にわたって燃え続けたという[19]。

項羽は、周囲の人々に恐怖を感じさせる、またその「怒」りによって既存の事物を徹底的に破壊する、時にいささか異常の感を禁じ得ない行動を取る人物として『史記』にあらわれる。しかしそれらの記事の中には、高祖本紀で劉邦の周りにしばしば出現するような神怪な要素はほとんど見出すことができないのである。

第四節　アウトローとしての項羽

ここまで二節にわたって延べてきたように、『史記』本紀の記す項羽像は様々な面で高祖劉邦と対照的である。しかし実際のところ項羽と劉邦はそれほどまでにあらゆる面において対極的な性格を有する存在だったのだろうか。これに関して筆者が注目してみたいのは、前節で論及した、項羽における神的世界とのつながりの欠落の問題である。

この問題について考えるために、項羽本紀に見える二つの記事は何らかのヒントを与えてくれるかもしれない。その第一は項梁集団蜂起時の記事である。


秦二世元年七月、陳渉らが大沢中で蜂起した。その九月、会稽守通は項梁に言った。「江西はみな秦に反し、今こそまさに天が秦を滅ぼさんとする時である。私は『先んずればすなわち人を制し、後るればすなわち人に制せらる』と聞いている。私は兵を挙げて、あなたと桓楚を将軍としようと思う」。この時桓楚は逃亡して沢中に身を隠していた。項梁は言った。「桓楚は亡命しておりその所在を知る者はおりませんが、項羽のみはその場所を知っております」。項梁は外に出て、項羽に剣を持たせて外で待たせた。項梁は再び室内に入り、守通の前に座して言った。「項羽を呼び、桓楚を召し出すための命を受けさせましょう」。守は「よかろう」と言った。項梁は項羽を召し入れた。しばらくして、項梁は目くばせして項羽に「やれ」と言い、そこで項羽は剣を抜き守の首を斬った。

秦二世元年七月、陳渉等起大沢中。其九月、会稽守通謂梁曰、江西皆反、此亦天亡秦之時也。吾聞先即制人、後則為人所制。吾欲発兵、使公及桓楚將。是時桓楚亡在沢中。梁曰、桓楚亡、人莫知其處、独籍知之耳。梁乃出、誡籍持剣居外待。梁復入、与守坐、曰、請召籍、使受命召桓楚。守曰、諾。梁召籍入。須臾、梁眴籍曰、可行矣、於是籍遂抜剣斬守頭。

桓楚と項梁を将軍にしたいとの会稽守通の言に対して項梁は、沢中に亡命し居場所のはっきりしない桓楚について、項羽であればその行き先を知っていると答えた。会稽守通もそれを認めて、項羽に対して桓楚を召しだすべしとの命を下そうとしている。

前節でも若干ふれたように、当時の「沢中」、すなわち池・湖などが点在する低湿地である「沢」の内部は、日常の生活空間とは性格を異にする、神怪な事象が発生しても不思議のないある種の異空間だった。同時に「沢」は、第一章で述べたように、アウトローや亡命者などの雲集する、政治的支配の網の目から漏れ落ちた場であることも多かった。[20] 劉邦が秦への反抗を開始した場所は豊の西「沢」で、武装集団を結集し潜んでいた場所も「沢」中だった。陳勝集団が「大沢郷」で決起し、[21] 彭越を中心とする少年たちの集団が結成されたのが「沢中」だったように、[22] 沢は反体制的な無頼集団の結集を想起させる空間という一面を持っていた。そして項梁の発言、及びそれを認めた会稽守通の対応からすれば、項羽は沢中とのつながりを持つ、沢中の無頼たちと接触を持っていても特に不自然ではない人物だったものと思われる。しかし、項羽と沢中の関係がうかがわれる箇所は、『史記』には項羽本紀のこの部分くらいしかない。

項氏については戦国楚の将軍項燕の子孫であることがしばしば指摘され、その旧六国貴族としての性格が強調されることが多い。民衆運動史・農民戦争史の枠組みの中でも項梁・項羽に対してはしばしば「六国旧貴族」・「六国貴族分子」といった性格付けがなされてきた。(23) しかしそもそも項梁自身は、

項梁は殺人を犯し、項羽とともに呉中に逃れて仇討を避けた。呉中の賢士大夫はみな項梁を上に立てた。
項梁殺人、与籍避仇於呉中。呉中賢士大夫皆出項梁下。(項羽本紀)

とあるように、殺人の仇を避けるために呉中へ逃亡してきた人物である。そしてそのような立場である項梁と交際した「賢士大夫」の中には、游侠に類するいわばヤクザ者が少なからず含まれていたことが推測可能だろう。蜂起以前における項梁・項羽の交友関係の中には少なからぬアウトローたちが含まれていたものと思われる。

戦国韓の宰相の子孫である張良も下邳で「任侠」の徒となるに至っていたように、六国の高位者の一族でも秦末には社会的位置が無頼の徒に近い状態になっている場合があった。また張良に関しては、項氏の一族で後に項梁・項羽と行動を共にしている項伯が殺人を犯し張良らの任侠の徒の中でかくまわれていたとの記事もある。(24) 戦国楚の将軍の一族として秦帝国支配下では民間社会に沈潜していたと思われる項氏の状況を慮るならば、そもそも項梁ら自身が游侠無頼の徒と大差ない存在になっていたと見た方がよいかもしれない。

そして以上の推測に大過ないとすれば、『史記』は項羽のそのようなアウトローとしての側面を強調して記すことを敢えて避けているのだと考えることができよう。項羽には沢中の人々との少なからぬつながりがあったにもかかわらず、『史記』はそのことに極力触れようとしない。『史記』における沢中とは、神怪な事象の発生とア

ウトローたちの結集を想起させる空間である。そしてそこは同時に高祖劉邦に関連する諸事象を連想させずにはおかない、劉邦と強いつながりを持った空間でもあった。いわば項羽は、劉邦の対極的存在としての役割を割り振られるために、劉邦に関する記録において強調されたある側面を欠落させることになった人物なのである。(25)

第五節　項羽と古帝王

項羽と劉邦の対比に関する第二の記事は、項羽本紀末尾近くの「太史公曰」の中に見える次の記述である。

私が周生に聞いたことだが、舜の目は重瞳子（一つの目の中に瞳が二つ）で、項羽もまた重瞳子だったということだ。項羽は舜の苗裔なのだろうか。なんと速やかな勃興だったことであろうか。

吾聞之周生曰、舜目蓋重瞳子、又聞項羽亦重瞳子。羽豈其苗裔邪。何興之暴也。

項羽の目の中には瞳が二つあったという。項羽に関する記録の中でほとんど唯一の神怪な事象に関する記録と言えよう。劉邦の身体的特徴については高祖本紀に、

高祖は生まれつき鼻が高く龍のような顔で、ひげが美しく、左の股には七十二のほくろがあった。

隆準而龍顔、美須髯、左股有七十二黒子。

という記事が見えるが、それらは人間の身体に関して常識的に理解できる範囲を超えるものではない。(26)高祖本紀

には、呂太后の父親が劉邦の人相を比類ないものと見なして娘を嫁がせることにしたり、劉邦が亭長時代に通りがかった老父から言葉にできないほどの貴人の相を持つことを指摘されたりといった記事が残されている。しかしこれらは人相を見ることが特に珍しいことでない、知識人の教養のような一面すら持っていた時代相を想起すれば異とするに足りない。[27] 身体的特徴に関する記述という面から見ても、項羽と劉邦は対照的である。

またこの記事は、「重瞳子」という身体的特徴を持っていることを理由に、項羽が古帝王たる舜の子孫であることを示唆するものである。

『史記』本紀に立てられている漢より前の古帝王と王朝、すなわち五帝と夏・殷・周・秦は『史記』の述べるところによれば全て黄帝を始祖とする系譜上に位置している。これに対して始皇帝は呂不韋の子である可能性が呂不韋列伝に明記されており、秦王室の系譜上に位置を占めるかどうかあいまいな部分を持っている。また項羽は舜と共通する身体的特徴を有し古聖王の末裔としか考えられないような画期的業績を挙げた人物で、古帝王の末裔である可能性を持つことは項羽が本紀に列される理由の一つになっていると考えられる。しかし、項羽は身体的特徴によってしか古帝王との関係を推測することのできない、その系譜的位置のあいまいな人物でもあった。

これらと異なり、『史記』における劉邦には黄帝との関係を示唆する記述が一切見出されない。上述の如く劉邦は母が沢中で龍に感じて生まれたとされる。既に述べたように、母親が人間世界を超えた神怪な存在と接触することで王者の先祖が生まれるいわゆる感生帝説話は『史記』本紀が王者の始祖について述べる際の基本的叙述パターンであって、このことは漢王朝の始祖たる劉邦にもあてはまる。しかし感生帝説話を有する殷・周・秦が黄帝以来の系譜上に位置づけられているのとは異なり、劉邦は『史記』内部において古帝王たちとの系譜的関係を示唆されることはない。劉邦はそれ以前の王者たちと全く関係を持たない、世界の新しい王者として『史記』の中に出現するのである。[28] この点についても、古帝王の子孫である痕跡を有する項羽は、古帝王との関係を一切持たない劉邦のネガというべき存在である。
本紀は『史記』の世界観の基本構造を示す部分であり、項羽本紀はそこで王者の一人に設定された項羽に対する顕彰文的な性格を持っている。しかし同時に項羽は劉邦によって克服されるべき必然性を持った人物である必要もあった。太史公自序には次のように記されている。

秦がその道を失い、豪傑たちが乱れ起こった。項梁はここに反秦の事業を起こし、項羽がそれを受け継いだ。宋義を殺し趙を救って、諸侯は項羽を推戴した。秦王嬰を誅殺し懐王に背いたので、天下はこれを非とした。項羽本紀第七を作った。

秦失其道、豪傑並擾。項梁業之、子羽接之。殺慶救趙、諸侯立之。誅嬰背懐、天下非之。作項羽本紀第七。

また高祖本紀について太史公自序は次のようにいう。

項羽は暴虐だったが、漢は功徳を行った。蜀漢の地で発奮し、関中に帰って三秦を平定した。項羽を誅殺し皇帝となり、天下を安んじて、制度を改め風俗を易えた。高祖本紀第八を作った。

子羽暴虐、漢行功徳。憤発蜀漢、還定三秦。誅籍業帝、天下惟寧、改制易俗。作高祖本紀第八。

秦を滅ぼしたのは『史記』の認識によれば項梁の業績を受け継いだ項羽である。故に対秦戦争過程における項羽の功績そのものは大いに顕彰されなければならない。しかし漢は民心を失った項羽を討つことで天下を安定させたのだから、項羽は最終的には劉邦によって打倒される必然性も持っていなくてはならなかった。『史記』は項羽の功績の隔絶性を舜の末裔である可能性によって説明しようとした。そして劉邦は項羽を滅ぼすことで黄帝以来継承されてきた王権の系譜を最終的に断絶させ、それと無関係な新しい世界を切り拓くことになった。劉氏の漢王朝を賛美する基本的志向を持った書物としての『史記』が項羽と劉邦に関する叙述の中で表現しようとしたのは、そのような一連の事実関係だったのである。

おわりに

以上、本章では、項羽本紀と高祖本紀を基本的な素材として、項羽と劉邦を人格・行動パターン・人間関係・系譜関係などの様々な面において対照的な存在として描き出そうとする『史記』の記述の傾向について検討した。項羽は、劉邦が色濃く有している側面、アウトローの世界とのつながりを削り取られ、古帝王の末裔である可能性を付与された姿で、言わば劉邦のネガとして『史記』の中に存在させられている。しかし同時に『史記』にとっての項羽は秦を滅ぼし漢王朝成立の前提を作った者でもあった。『史記』は項羽の功績をある面において顕彰し、劉邦が打倒・克服するにふさわしい対象として項羽を本紀に列したのである。

とすれば『史記』には、項羽を克服して生まれてきたものとして漢王朝を描き出すために、秦末期の楚の動向を項梁・項羽中心に描いている面があることが推測されよう。若干具体的な例を挙げておこう。

薛において擁立された楚懐王、後の義帝は傀儡的存在と評価されることが多い。項羽本紀は「項梁が懐王を立てた」としているし、以後の楚の動きも項梁・項羽が率いる軍団の動きを中心に描かれる。この時代に関する概説的記述においても懐王・義帝に政治的実権がないとみなすのはごく一般的である。(29) しかし『史記』の記述を追ってみると、項梁が楚の実権を握っていたことを無条件に前提としてよいかどうかは疑問があるし、特に十八王封建以前の懐王は単なる傀儡とは考えにくいように思われる。

懐王即位時に上柱国となったことが記録されるのは陳嬰である。項梁は「自ら武信君と号した」とされるのみで、楚国の政権中枢にいかなる地位を占めたかは明らかではない。懐王擁立までの項梁は陳勝政権支持の立場をとっており、その延長線上に実質的な君主として楚懐王を擁立した可能性も考えられよう。項梁戦死後、懐王は都を主戦場により近い彭城に移し、項羽らの軍団を直接統括する。以後も項羽の動きは懐王の意志に強く規制されており、劉邦とともに西進することを望んだ項羽の意志が懐王とその周辺によって否定されたのは周知の通りである。

また彭城への遷都を『史記』は懐王が「恐」れてのこととするが、恐怖のために戦場に近いところに移動するというのは理解しにくい。『史記』の「恐」れてとの叙述は懐王の傀儡性と人格的脆弱性を強調するための表現と見るべきではないか[30]。換言すれば『史記』の関連部分においては多くの場合、楚の中心に常に項梁・項羽がいたという『史記』の構想に沿った事実関係を強調する編纂・叙述がなされていると考えられるのである。

本章で行うことができたのは周知の史料のみを用いた初歩的な考察に過ぎない。項羽本紀に記された歴史像を実際の歴史的過程の中に意味づけてゆく作業は、全て次章以降に委ねられることになる。

第三章　註

（1）『後漢書』班彪伝。

（2）劉知幾『史通』本紀。
（3）エドゥアール・シャヴァンヌ『司馬遷と史記』（新潮選書、岩村忍訳、一九七四）一六八頁。
（4）バートン・ワトソン『司馬遷』（筑摩叢書、今鷹真訳、一九六五）一五二頁。
（5）バートン・ワトソン『司馬遷』一五三頁。
（6）竹内康浩『「正史」はいかに書かれてきたか』（大修館書店、二〇〇二）六六頁。
（7）吉本道雅『史記を探る』（東方書店、一九九六）二〇七～二〇八頁。
（8）吉本道雅『史記を探る』二一四頁。
（9）藤田勝久「『史記』項羽本紀と秦楚之際月表―秦末における楚・漢の歴史評価―」（『史記秦漢史の研究』第六章、汲古書院、二〇一五、一九九五初出）三九七頁。
（10）宮崎市定「史記を語る」（『宮崎市定全集5史記』岩波書店、一九九一、一九七九初出）四三～四四頁。
（11）宮崎市定「史記を語る」（『宮崎市定全集5史記』）一九頁。
（12）武田泰淳『司馬遷―史記の世界―』（講談社文庫、一九七二、一九四三初出）八一頁。
（13）今鷹真は「史記の一篇一篇はそれぞれ独立したテーマをもって人物の特質を提示するが、同時に他の列伝との相互の関連性によって、人間の多面性を示すことになる」と述べる。今鷹真「司馬遷」（日原利国編『中国思想史［上］』ぺりかん社、一九八七）一五五頁。
（14）今鷹真「史記にあらわれた司馬遷の因果応報の思想と運命観」（『中国文学報』八、一九五八）二六頁。
（15）武田泰淳『司馬遷―史記の世界―』八二～八三頁。
（16）武田泰淳『司馬遷―史記の世界―』八三～八四頁。
（17）ただし本紀を離れて『史記』全体を見ると、劉邦は必ずしもほとんど怒りを見せないわけではなく、淮陰侯列伝などでは幾度も「怒」っており、配下を怒り罵ることもしばしばある。また高祖本紀中でも武田が指摘する例以外に、陳豨の反乱の際に敵兵に罵倒された高祖が「怒」ったとの記事がある。本節で述べたのは本紀中における叙述の傾向に過ぎない。

(18)　柴田昇「『史記』の歴史観に関する覚書」(『愛知江南短期大学紀要』三五、二〇〇六)五〇～五五頁。
(19)　鶴間和幸は近年の調査結果を踏まえて、項羽の阿房宮焼却という史実自体を再検討する必要があることを指摘している(『始皇帝陵と兵馬俑』講談社学術文庫、二〇〇四、八九頁)。
(20)　本書第一章。山沢にしばしば民が逃げ込んだこと、国家支配の及ばぬ領域としての山沢の世界と在地社会との間に密接なつながりがあったことについては大櫛敦弘も項羽と桓楚の例を挙げつつ言及している。大櫛敦弘「桃源の形成―戦国秦漢期の「外延領域」に関するノート―」(平成九年教育改善推進費(学長裁量経費)研究成果報告書『「環境問題」から見た中国史』、研究代表者：遠藤隆俊、一九九八)一二頁。なお中国古代の山林藪沢の概要については、村松弘一「中国古代の山林藪沢―人間は自然環境をどう見たか―」(『学習院史学』四三、二〇〇五)。
(21)　『史記』陳渉世家。
(22)　『史記』魏豹彭越列伝。
(23)　孫達人『中国古代農民戦争史　第一巻』(陝西人民出版社、一九八〇)三七～四〇頁、謝天佑・簡修煒『中国農民戦争簡史』(上海人民出版社、一九八一)一二頁等。
(24)　『史記』留侯世家。
(25)　そのため項羽は「沢」と相性が悪い。垓下の戦いに敗れて戦場を逃れた項羽が道を誤り漢軍に追いつかれた場所が「大沢中」とされているのは、項羽と「沢」の関係を象徴的に示す事例と思われる。
(26)　とはいっても龍顔が王者たる者を特徴づける一種の異相ととらえられていることも確かだろう。龍顔は後に黄帝等の王者の身体的特徴とされるようになる(『論衡』骨相、『白虎通』聖人等)。
(27)　戦国期における相人術への批判は『荀子』非相篇に見られる。漢代の看相については、祝平一『漢代的相人術』(台湾学生書局、一九九〇)。
(28)　以上の諸点に関しては柴田昇「『史記』の歴史観に関する覚書」で概述した。なお『史記』における漢代史の重視、漢とそれ以前との断絶性に関しては、吉本道雅『史記を探る』第五章―二。

(29) たとえば宮崎市定は「項羽は故国の楚王の後を立てて義帝とし、これを名目上の主権者としたが、実権は何も与えなかった」(『宮崎市定全集1中国史』岩波書店、一九九三、一三一頁)とし、西嶋定生も「西楚の覇王項羽は楚の義帝を推戴していた。しかし、それは名目的なものであり、その存在が邪魔になると、九江王英布(=黥布)に命じて、これを殺してしまった」(『秦漢帝国』講談社学術文庫、一九九七、九五頁)とする。近年の概説でも藤田高夫は懐王を「名目的盟主」と述べる(愛宕元・冨谷至編『新版中国の歴史 上【古代―中世】』昭和堂、二〇〇九、九五頁)。佐竹靖彦も「項梁が心を第二の懐王として擁立したのは、御都合主義の立場に立って、傀儡としての利用をめざしたからであると思われる」(『項羽』中央公論新社、二〇一〇、一一一頁)とする。ただし佐竹は項梁死後の情勢に関して「項羽は楚国の民衆と同様に、……楚の懐王への献身こそが、楚人とりわけ楚の軍人にとっての当然の行為であると思い定めていた」(一五一頁)と述べており、楚における懐王の存在感と政治的力量を高く評価しつつ楚漢抗争史を総合的に描き出すことを試みている。

(30) この記事について佐竹靖彦は、『楚漢春秋』が「経験を積み十分な判断能力をもった懐王が、項羽がまだ若年であって天下を支配する能力がないことを「恐れて」みずから前線に出てきてことの処理にあたったという文脈で「恐れて」という語句を使」い、『史記』はそれにもとづいて懐王は「恐れた」と述べたとする(『項羽』一四五～一四七頁)。

第四章　項羽政権の成立

はじめに

秦末反乱の口火を切った陳勝呉広の乱は半年程度で終息したが、陳勝蜂起をきっかけとする抵抗運動の拡大は戦国国家を枠組みとした諸王の復活に至った。趙では陳勝政権が派遣した軍団の将軍が自立して趙王となり、さらに趙王が燕に派遣した軍の長も燕王として自立した。斉・魏でも旧王家の一族が王位に就いた。陳勝政権末期の中国では、多数の反秦集団が活動を開始した結果、韓を除く戦国六国の並立体制が出現していた。

このような動向の中で、特に多くの有力な反秦武装集団が林立する空間だったと思われるのが旧楚の領域である。陳勝は陳で張楚を建て楚王を名乗ったが、その実効的支配領域は三晋に接する楚域北西部にとどまった。旧楚領域の実質的な再統合には陳勝政権崩壊後もある程度の時間を必要とした。

旧楚領域における反秦抵抗勢力の統合に主導的な役割を果たしたのが項梁・項羽である。項梁・項羽に関しては、特に項羽の天下統一が「失敗」した原因を探るという問題意識からの大量の研究がある。[1]また近年、秦末漢初期における「楚」の時代の存在意義がしばしば強調されている。この点について田余慶は秦漢の間をつなぐ楚政権の性格に関する先駆的な検討を行い、戦国期と秦末漢初の国際関係の関連性を論じて以後の研究の方向性に大きな影響を与えた。[2]田余慶の成果に強い影響を受け、陳蘇鎮は六国中で楚が最も強く滅秦を望む要素を持っていたことを指摘した。[3]また李開元は秦末漢初の政治的動向を詳細に分析し、楚懐王の時代を戦国復国運動の達成された王政復興期、項羽の十八王封建の時期を列国衆建期と位置づけた。[4]さらに藤田勝久は秦末漢初史の展開を秦・楚という二つの社会システムの相克関係としてとらえる視点を示し、[5]佐竹靖彦は『史記』等に加えられた書き換え・粉飾を指摘しつつ項羽と楚漢戦争の全体像の復元を試みている。[6]

これらの研究成果から学ぶべき点は当然多くあるが、項羽政権成立過程で発生する諸事象への評価に関して一致しない点が多く、この時期の政治過程にはまだ少なからぬ検討の余地がある。筆者は第三章で『史記』項羽本紀の性格について検討し、そこで項羽と劉邦を対照的な存在として描き出そうとする『史記』の叙述の傾向について若干の分析をおこなった。秦末漢初の政治過程を理解するためには、基本資料たる『史記』の編纂方針にかかっているある種のバイアスを念頭に置かねばならない。本章は、『史記』の叙述傾向に留意しつつ蜂起から封建までの項梁・項羽集団の成長過程を跡付けることにより、項梁・項羽集団の歴史的意義を明らかにすることを試みるものである。

第一節　項梁集団の成立

1　項梁集団の蜂起

秦二世皇帝元年七月に大沢郷で蜂起・東進し陳で王位についた陳勝は、東西南北への派兵を行いその軍団の一部は一時は函谷関を越えて戯に至った。しかし秦将章邯の軍によって撃退され、それをきっかけに軍団内で内紛が発生、蜂起の半年後には陳勝も死亡している。しかし陳勝の死が楚全土に知れ渡るにはさらに数カ月の時間を要した。

会稽の反乱は陳勝集団蜂起から約二カ月後の九月に起こった。当時呉中で地域の信望を集めていた項梁に対して、会稽守通は項梁と桓楚を将軍としての決起を持ちかけた。それに対して項梁は項羽を使って会稽守通を殺害、さらに会稽守配下の百人近くを殺し、呉中の人々を従え、周辺諸県から精兵八千人を吸収した。これらが決起時点での項梁集団の中核を構成した。

またその頃亡命して沢中に潜んでいた桓楚は項梁の軍に従ったらしく、後の宋義殺害の際には項羽の使者として桓楚が懐王のもとに派遣されている。秦末の沢中はアウトロー・亡命者たちの群れ集う、政治的支配の網の目から漏れ落ちた空間であることが多かった。沢中に亡命していた桓楚の合流は、それとともに沢中の無頼たちも項梁集団に合流していた可能性をうかがわせる。

項梁集団は会稽制圧後しばらく目立った動きを見せておらず、秦楚之際月表の二世二年十～十二月にも関連記事は見えない。このことは、初発時の項梁集団が明確な方針を持っていなかったこと、項梁の決起が会稽周辺を制圧・支配すること以上の具体的な目標のない突発的なものだったことを示すと考えることができるだろう。項梁集団は陳勝政権とは直接的な関係を持たない地域的勢力として楚域東方南部でスタートした。

項梁集団の次の動きが秦楚之際月表に見出されるのは二世二年端月の「渉将召平矯拝項梁為楚柱国、急西撃秦」という記事である。決起後の項梁集団にまず接近したのは、召平なる人物だった。項羽本紀には次の記事がある。

広陵の人召平は陳王のために広陵を従えようとしていたが、未だ下し得ていなかった。陳王が敗走し秦軍が近づいていることを聞き、渡江して陳王の命と偽り項梁を拝して楚王の上柱国とした。そして言った。「江東はすでに平定された。急いで兵を率いて西に向い秦を討て」。項梁は八千人を率いて長江を渡り西に向った。

広陵人召平於是為陳王徇広陵、未能下。聞陳王敗走、秦兵又且至、乃渡江矯陳王命、拝梁為楚王上柱国。曰、江東已定、急引兵西撃秦。項梁乃以八千人渡江而西。

召平は陳勝の敗走に対応して陳王の命と偽って項梁を上柱国に任じたという。このことは明確な目標を持たない地方勢力にとどまっていた項梁集団に新たな行動を起こすきっかけを与えた。召平により陳勝集団の一翼という位置づけを与えられた項梁は八千人を率いて反秦行動を開始することになる。

2　項梁集団の拡大

渡江した項梁集団は、秦楚之際月表によれば二世二年二月に、約二万人を擁した東陽の陳嬰集団と合流する。第一章でふれたように、東陽県で蜂起した集団が肥大して数千人に達したため有力なリーダーが必要になってきた時に少年たちは、「長者」と称されていた陳嬰に長となることを請うた。陳嬰は辞退したが少年たちに強いられて長となり、さらに集団が二万に肥大した頃、少年たちは陳嬰を立てて「王」とすることを望んだ。少年たちの要望に対して陳嬰は自らの貴種性の欠如を理由にそれを退け、項梁集団への合流という道を選ぶ。自らに従う集団の生存・拡大戦略として陳嬰が選択したのは、王として自立しての地域の掌握ではなく、陳勝政権の一部を称する楚の名族の軍団と合流することだった。

続いて項梁集団は淮河を渡って黥布・蒲将軍の軍団と合流、六～七万の軍となって下邳に至った。陳渉世家には次のような記事がみえる。

陳勝の故の涓人だった将軍呂臣は倉頭軍をつくり、新陽で決起し、陳を攻めてこれを下し荘賈を殺し、再び陳を楚に回復した。……秦の左右校は再び陳を攻め、これを下した。呂将軍は敗走し、兵を収容して再び集まった。鄱盜當陽君黥布の兵と連合し、再度秦の左右校を撃ちこれを青波で破り、またもや陳を楚に回復した。ちょうどその頃、項梁が懐王の孫の心を楚王とした。

陳王故涓人将軍呂臣為倉頭軍、起新陽、攻陳、下之、殺荘賈、復以陳為楚。……秦左右校復攻陳、下之。呂将軍走、収兵復聚。鄱盜当陽君黥布之兵相収、復撃秦左右校、破之青波、復以陳為楚。会項梁立懐王孫心為楚王。

これによれば黥布は項梁集団との合流以前から楚域西方で旧陳勝軍を援助しつつ独自の反秦戦を展開していた。(7) 黥布集団はもともと黥布列伝に、

黥布は酈山に送られることになった。酈山の刑徒は数十万人おり、黥布はその中の徒長豪傑みなと親しくつきあった。そして仲間を率いて脱走し、長江流域で盗賊となった。

布已論輸麗山。麗山之徒数十万人、布皆与其徒長豪傑交通。迺率其曹偶、亡之江中為群盗。

とあるように酈山の刑徒たちからなるアウトロー集団で、それに鄱君呉芮の兵が加わった楚域南部の一大武装集団だったものと見られ、(8) この時点で楚域南方の主要な勢力の連合が完了することになったものと考えられる。

さらに項梁集団は当時旧楚域東方北部に一大勢力を築いていた秦嘉集団との抗争を開始する。秦嘉集団は陳勝政権成立期の楚国東半北辺に乱立した都市単位の反乱集団が秦嘉のもとに結集した集団であり、(9) 項氏集団の北上開始とほぼ同時期の二世元年端月には景駒を楚王に擁立している。(10) 張良は当初秦嘉集団への合流を目論み、(11) 劉邦も豊県奪回に際してまず頼ったのは秦嘉だった。(12) 当時の楚域では秦嘉集団は項梁集団以上の評価を得ていたものと考えてよい。

項梁は陳勝政権の一翼を担う立場から秦嘉集団を糾弾した。

「陳王は挙兵の先駆けとなるも、武運つたなく、消息不明である。今秦嘉が陳王に背いて景駒を立てるのは逆無道であろう」。そこで兵を進めて秦嘉を撃った。秦嘉軍は敗走し、項梁は追撃して胡陵に至った。再び戦闘となり一日で秦嘉は死し、秦嘉軍は降伏した。景駒はなおも敗走したが梁地で死亡した。項梁は秦嘉

軍を併合し、胡陵に布陣し、軍を率いて西に進もうとした。

陳王先首事、戦不利、未聞所在。今秦嘉倍陳王而立景駒、逆無道。乃進兵撃秦嘉。秦嘉軍敗走、追之至胡陵。嘉還戦一日、嘉死、軍降。景駒走死梁地。項梁已并秦嘉軍、軍胡陵、将引軍而西。(項羽本紀)

独自に楚王を擁立した秦嘉を陳王に対して「逆無道」を為す者と評した項梁は、秦楚之際月表によれば二世二年四月には秦嘉・景駒を殺害し、その軍団を吸収した。(13) この時点で楚国東半部には項梁らの勢力に対抗し得る集団は存在しなくなっているようである。

項梁集団の成長過程に関する一連の記事からは、この時期の反秦武装集団における行動パターンの多様性を見出すことができる。会稽の場合のように郡守自身が反秦行動を開始しようとするケース、秦嘉のように都市単位の多くの反秦集団が統合・肥大して独自の王を立てるに至るケース、項梁のように陳勝政権支持の立場を標榜しつつ集団を拡大してゆくケースなど。また陳嬰の場合のように、県レベルで少年たちが独自の王を立てようとする動きも見られた。陳勝政権の支配力は楚域全体に及んでいたわけではなく、自立的反秦武装集団が林立していた当時の楚では複数の王が並行して立つことも大いにあり得た。

また、陳勝の死が確定した時、項梁は諸別将を薛に集めて今後の方針を定めたという。陳勝政権崩壊期の楚では、東半北部に秦嘉によって諸集団が統合された一大勢力が成立しており、これに対して東半南部の雑多な集団が項梁を中心に統合され一大軍団に成長し始めていた。九江方面の楚域南部には鄱君呉芮の娘婿で百越兵を含む軍団を率いる黥布がいた。そして三晋と接する西方は秦軍によって蹂躙されていたが、呂臣率いる旧陳勝政権軍が活動を続けており、それらは黥布軍と連合することで陳を中心に楚域西部に独自の勢力基盤を築いていた。薛の会議までに黥布集団は項梁集団に合流しており、秦嘉集団も項梁集団によって吸収された。そして薛での懐王擁立に前後する時期に呂臣が項梁集団に合流することで、旧楚地域の主要な反秦集団は連合を完了したものと思われる。

第二節　楚王の擁立と項羽集団の成立

1　懐王の擁立

薛の会議で范増により戦国楚の子孫を探し出して王位に就けることが提起された。この時点までの項梁集団では陳勝を楚王と認めることに特に疑問は抱かれていなかったものと見られる。陳勝は自ら王を称し、秦嘉は景駒を楚王に立てた。陳勝蜂起時に陳勝軍団と別れて東方に進んだ葛嬰も進出した先の九江で襄彊を王位に就けている。先に陳嬰の例を挙げたように、これ以外にも独自の王を立てようとする動きはあった。この時期の楚域においては旧王族を王に立てることは自明の方向性ではなかった。しかし薛の会議の結果、范増の言に従い戦国楚王家の末裔が王位に就けられることになった。

項梁は（范増の）その言を是とし、楚懐王の孫の心を民間から探し出し、羊飼いとなっていたのを立てて楚懐王とし、民の望むところに従った。陳嬰は楚の上柱国となり、五県に封ぜられ、懐王と盱台に都を築いた。項梁は自ら武信君と号した。

於是項梁然其言、乃求楚懐王孫心民間、為人牧羊、立以為楚懐王、従民所望也。陳嬰為楚上柱国、封五県、与懐王都盱台。項梁自号為武信君。（項羽本紀）

項羽本紀に「陳嬰為楚上柱国、封五県」とあり、秦楚之際月表の二世二年七月の条にも「陳嬰為柱国」と記されているように、楚王家復興の実現により陳嬰は上柱国となった。また楚の都とされた盱台は陳嬰の本拠地である東陽県の北に隣接しており、項羽本紀は陳嬰が「与懐王都盱台」と記している。これらのことは懐王擁立期の楚において懐王に最も近い位置にいたのが陳嬰だったこと、懐王の親衛隊的な位置を占めたのが項梁集団に合流した段階で二万を動員していた陳嬰集団だったことを推測させる。項梁は召平の矯命により上柱国とされていたが、楚懐王によってそれが承認されたかどうかは不明で、また項梁はこの後も前線部隊として軍事活動に邁進しており、懐王雍立後の楚の政治機構内で主導的な地位にあった形跡は見出し難い。

そして以上のことから推測されるのは、懐王即位の時点では陳嬰と項梁の政治的位置に大きな差はなかったのではないかということである。そもそも項羽本紀に陳嬰集団と連合した時のことを、

項梁は八千人を率いて長江を渡り西に向った。陳嬰がすでに東陽を下したことを聞き、使者を派遣して連合しともに西進することを望んだ。

項梁乃以八千人渡江而西。聞陳嬰已下東陽、使使欲与連和倶西。

と記しているように、項梁にとって陳嬰は自軍との連合を望むべき有力勢力のリーダーだった。陳嬰は名族に従うとの名目で対秦戦に参加したが、陳嬰集団と項梁集団は実質的には同盟軍というべきものだったことも十分想定可能だろう(14)。

前章で述べたように、項羽本紀は一面において、劉邦のネガとして造形された項羽に対する顕彰文的な性格を持っている。故にその記述は楚の中心に常に項梁・項羽がいたことを強調する叙述になりがちである。しかし楚

懐王擁立後の動向からすれば、王の側近として楚政権内部で最も重用されたのは二万の軍団を結集した「長者」陳嬰だったと見なければならない。

懐王の傀儡性とそれと対になった項梁の政治的実権はしばしば自明の前提として語られるが、そのような理解の仕方自体がさまざまな問題をはらんでいる。懐王政権成立以後の項梁は楚の軍事外交部門の有力者の一人ではあったが、楚国政権中の最有力者だったわけでは必ずしもなかった。

2 項梁の戦死

陳勝政権の滅亡後間もなく秦将章邯の軍によって魏王が臨済で包囲され(15)、魏王咎は斉・楚に救援を要請した。これを受けて斉・楚の軍が救援に駆けつけるが、章邯軍に大敗し、この戦いの結果、斉王田儋・魏王咎らが死亡した(16)。

魏王咎の弟豹は楚に逃れ、楚懐王から数千の兵を貸与されて魏の復興に向った(17)。また田儋の弟の田栄は敗残兵を集めて東阿に入った。この頃斉本土では田儋の死を知り、故斉王建の弟の田仮が王位に就いた。章邯が東阿を包囲したのは田栄軍と斉本土の軍の連携を阻止し斉国勢力の各個撃破を目論んだものと思われる。これに対して田栄は楚・項梁軍の救援を得て章邯軍を撃退し、斉に戻って斉王仮を破り田儋の子の田市を斉王とした。田仮は楚に逃れ、その相だった田角は趙に逃れた(18)。

章邯を破った楚軍は東阿を出発点とする対秦戦争の開始にあたり斉の田栄に使者を送り対秦戦争の共闘を請うたが、田栄は田仮が楚に保護されていることを理由に拒否した。そのため楚は項梁を中心に独自に出兵し、定陶で秦軍をやぶった(19)。

項羽本紀によれば、この頃項梁には秦軍を軽視し驕った風が見られた。それに対して宋義は諫言したが、項梁は聞く耳を持たなかったという。宋義は自らの諫言に耳を貸さない項梁の敗北を予想、その予想は的中し、項梁は定陶で秦軍に敗れて死亡、西方に侵攻していた項羽と呂臣の軍は彭城まで撤退することになった。

楚軍が定陶で敗北したことで、懐王は恐れ、盱台から彭城に移り、項羽・呂臣の軍を自ら併せ率いた。呂臣を司徒とし、その父である呂青を令尹とした。

楚兵已破於定陶、懐王恐、従盱台之彭城、并項羽・呂臣軍自将之。以呂臣為司徒、以其父呂青為令尹。（項羽本紀）

楚軍の敗退、項梁の戦死に対して、秦楚之際月表によれば二世二年九月に懐王は盱台から彭城に移り、自ら項羽・呂臣の軍団を併せ率いたという。項羽本紀はそれを「恐」れてのことと記す[20]が、恐怖のために前線に近い地域に出てくるというのは理解しにくい。懐王は自ら楚軍団の実権を掌握するために根拠地を移動したものと考えなくてはならない[21]。また懐王はその際に呂臣を司徒、その父である呂青を令尹に任じている。これらの一連の動きは懐王の地位が必ずしも名目的なものではないことを示唆する。さらに呂臣が薛の会以降に臣従していた対象が項梁ではなく楚懐王だったこと、呂臣及び旧張楚軍団の楚政権に対する影響力が決して軽視できるものではなかったことも推測させる。

以上のように、項梁死亡時点までの楚政権においては、懐王にかなり近い位置に陳嬰・呂臣（及び呂青）がおり、項梁・項羽は楚政権内の最有力者では必ずしもなかった。この時期までの項梁集団は他の有力諸集団と並ぶ――その中では最有力の一軍ではあっただろうけれども――楚王権を支える一軍団に過ぎない存在だったものと思われる。

3　救趙戦争と項羽の楚軍掌握

楚軍を破った章邯軍は攻撃対象を趙に転じ鉅鹿を囲んだ。これに対して、趙からの度重なる救援依頼に応えて救趙戦に乗り出した楚懐王は、宋義を上将軍に任じ軍の全権を与え諸別将を統括させた。この時項羽は次将、范増は末将に任じられた(22)。

行軍して安陽に着いても、宋義は軍を四十六日間とどめて前進しなかった。項羽は言った。「わたしは秦軍が趙王を鉅鹿で包囲していると聞いていますが、素早く兵を率いて黄河を渡り、外から楚が攻めて内から趙が応じれば、秦軍を破ることができましょう」。それに対して宋義は「そうではない。……いま秦は趙を攻め、勝てば秦の兵は疲れるので、われわれはそれに乗ずるべきである。秦が敗れた時には兵を率いて西に進軍すれば、必ず秦を破り得よう。故にまず秦と趙を戦わすのが良い。……」と言い、……そして子の宋襄を遣わして斉相とし、自ら送って無塩に行き、飲酒高会した。このときは寒く大雨がふり、士卒は凍え飢えていた。

行至安陽、留四十六日不進。項羽曰、吾聞秦軍囲趙王鉅鹿、疾引兵渡河、楚撃其外、趙応其内、破秦軍必矣。宋義曰、不然。……今秦攻趙、戦勝則兵罷、我承其敝。不勝、則我引兵鼓行而西、必挙秦矣。故不如先闘秦趙。……。……乃遣其子宋襄相斉、身送之至無塩、飲酒高会。天寒大雨、士卒凍飢。(項羽本紀)

宋義は趙に向かって進軍しながら、安陽で四十六日にわたり軍を停止させた。また息子の宋襄を斉に遣わして宰相とした。宋義は自ら息子を無塩まで送りそこで酒宴を開いたという。このような宋義の動きは項羽の激烈な反発を招いた。怒った項羽は、楚王より宋義誅殺の命を受けたと偽って宋義を殺害、これにより項羽は軍内で仮上将軍となり、懐王はこれを追認して項羽を上将軍に任じた。秦楚之際月表によれば項羽が宋義を殺害したのは二世三年十一月のことである。

このような一連の事態により、項羽は名実ともに楚軍団を掌握することになった。項羽はクーデターにより軍の実権を掌握し、それは楚王の命を偽ることによるものだった。クーデターが懐王によって追認されたのは、それが楚の根拠地から遠く離れた場所で行われたため、またクーデターにより項羽の手中に落ちたのが楚の主力軍だったため、懐王側からの手出しが困難だったという空間的・物理的な理由が大きいだろう。しかしそれだけでは項羽が楚軍団の支持を得てそれを救趙戦に結集し得た理由を説明したことにはならない。それではなぜ項羽の行動は楚軍団の支持を得ることにつながったのだろうか。

四十六日間の軍団停止を項羽は宋義の裏切りと解釈した。しかし宋義はかつて項梁によって使者として斉に送られたことがあり、自らの息子を斉の宰相として送り込もうとしていることからも、斉との間に何らかの太いパイプを持つ人物だったことが推測される。上に見た宋義の発言に従うならば、その基本戦略は秦・趙の共倒れに乗ずることで、その上でさらに斉との共闘を構想していたようである。

かつて秦嘉は公孫慶を使者として斉と手を組もうとし[23]、項梁も対秦戦争開始前にも斉に共同出兵を依頼している。斉との連合はこの時期の楚域の有力者にとってごく自然に浮かび上がってくる課題だったのである。またこのことは楚には単独で対秦戦争を貫徹する力はないとするのがこの時期の一般的な見方だったことを示唆する。高祖本紀には宋義が上将軍に任じられた時のこととして次のような記事がある。

（懐王は）諸将と約を結び、先に関中に入りこれを平定した者は王とすることにした。この頃、秦軍は強力で、勝ちに乗じては敗軍を追撃しており、楚の諸将には先がけて入関することを望む者はなかった。

与諸将約、先入定関中者王之。当是時、秦兵彊、常乗勝逐北、諸将莫利先入関。

救趙戦争開始時点では楚軍が秦軍を圧倒するような状況は想定されていなかった。このような情勢の中で、宋義は斉との協力体制を構築することによる楚の政治的安定・軍事的強化の達成を模索しており、その方針自体は非現実的なものでも利己的なものでもなかった。宋義にとって趙を救うこと自体は最優先で処理すべき課題とは考えられていなかったことになる。

このような宋義の動きに対して、救趙という行動に強くこだわったのが項羽だった。実のところ、宋義誅殺までの項羽に関しては、襄城で敵を穴埋めにして殺害したことや沛公とともに成陽を陥したこと、李由を斬ったこと等が見えるが、全体として項梁配下の一将軍以上の存在感は見出し難い。ここまでの項羽は多くの人をその周囲に結集し得るような力を見せたり業績を挙げたりする機会を持たなかった。

項羽は宋義殺害に際して、兵士が食糧不足で飢えているのに宋義が「飲酒高会」していたことを批判している。戦国期の兵書では将軍が配下の兵士を身内の如く扱うことが善とされる例があり、[24] そのような観点からすれば宋義の行動は軍団の力を低下させるものでしかなかった。また救趙を名目とした軍を任されながら我が子を斉相として斉に送り込むことは、項羽には王命を無視して私利を求める行動と解釈された。[25] 項羽の宋義殺害はきわめて倫理的な動機から遂行されたのである。

とすれば、宋義殺害・救趙戦争貫徹は項羽の、兵士に対して厚く配慮し信義を以て他を救う人格的力の証明として機能したことになるだろう。項羽は配下の将兵を、そして楚に助けを求めてきた趙を救うために、懐王の命に反する危険を犯して宋義を殺害した。あるいは項羽には宋義こそ懐王による救趙の命をないがしろにする者、宋義殺害こそ懐王の真意に沿うものとの認識があったのかもしれない。

戦国漢初においては自己の利害生死を無視してでも信義を尽す気節の持ち主がしばしば「賢」と称された。『史記』の中では項羽は「賢」者と評されることはない。劉邦のネガとして項羽を描く『史記』にとってそれは当然の姿勢だろう。しかし宋義殺害時の項羽の行動はこの時期における賢者のそれと通じる面を持っており、当時においては賢者こそが理想的な人間集団を形成するためのキーパーソンとされたのである。(26) 項羽がこの時期に見せた一連の行動は、当時において価値あるものと認められる行動のコードに沿った、秦末期の人士の信望を集め得るものだったのではないか。

懐王に承認されることで名実ともに楚軍の中枢を掌握した項羽は対秦戦争に邁進する。まず黥布・蒲将軍を先陣に鉅鹿を救援、続いて項羽自身も黄河を渡り秦軍を撃破した。項羽本紀はその時期の楚軍を「楚兵、諸侯に冠たり」と評している。王離・渉間らを破った戦争の後には項羽は「諸侯の上将軍」となり諸将はみな項羽に服属したという。宋義誅殺と救趙戦争の貫徹によって項羽のもとに結集した楚軍は、対秦戦争の実績を根拠として楚国以外の諸勢力をも統合するに至った。

ここまで見てきたように、項梁集団が項羽の下に再結集しより大きな形で再生するには、集団の中核たる項羽の行動、すなわち信義を以て他国を救い、対秦戦争において実績を挙げるという二つの具体的な行動が必要だった。楚国復興に大きな役割を果たした項梁集団は集団の結集の中核だった指導者項梁を失ったが、実績あるリーダーの死去から若いリーダーへの交代という困難な時期を項羽の果敢な行動によって乗り切り、以前から項梁・項羽に従っていた軍団に救趙戦に動員された楚国主力軍、対秦戦に参加した旧六国諸勢力を統合した項羽集団として再生することになったのである。(27)

第三節　項羽政権の成立

1　懐王の約と項羽の分封

救趙戦争に先立っていわゆる懐王の約が提示された。

趙が何度も救援を要請してきたので、……懐王は諸将と約を結び、先に関中に入りこれを平定した者は王とすることにした。……楚の諸将には先がけて入関することを望む者はなかった。項羽のみが秦が項梁軍を破ったことを怨み、奮って沛公とともに西に進撃して入関することを願った。懐王と諸老はみな……遂に項羽を許さず、沛公に西進を命じることとし、陳王・項梁の散卒を吸収させた。

趙数請救、……与諸将約、先入定関中者王之。……諸将莫利先入関。独項羽怨秦破項梁軍、奮願与沛公西入関。懐王諸老皆……卒不許項羽、而遣沛公西略地、収陳王・項梁散卒。（高祖本紀）

この記事によれば、楚政権全体として見たときに軍事行動に関して懐王とその側近たちに意志決定権があるのは明らかである。この場合の項羽はどの方面に派遣されるかを懐王らによって決定される一将軍に過ぎない。

こののち項羽による宋義殺害や、救趙戦争の完遂・咸陽攻略があり、楚軍内の力関係にも前節で検討した過程を経ての大きな変化が発生し、項羽の軍事的権限は著しく強大化した。しかし項羽は懐王の意志に反した行動をとることはできなかった。咸陽平定後、懐王は項羽に戦前の約を守ることを命じている。

項羽は人を送って報告し懐王の命を尋ねた。懐王は「約の如くせよ」と言った。そこで懐王を尊んで義帝とした。項羽は自ら王たらんと欲し、まず諸将相を王にしようとした。曰く「天下の兵乱が発生した時、仮に諸侯の後を立てて秦を討った。しかし自ら被堅執鋭して事にあたり、戦場に身をさらすこと三年、秦を滅ぼし天下を平定したのは全て諸君と私の力である。義帝には功績はないが、もともと地を分けて王とすべき方である」と。諸将はみな「それが良い」と言った。そして天下を分割し、諸将を立てて侯王とした。

項王使人致命懐王。懐王曰、如約。乃尊懐王為義帝。項王欲自王、先王諸将相。謂曰、天下初発難時、假立諸侯後以伐秦。然身被堅執鋭首事、暴露於野三年、滅秦定天下者、皆将相諸君与籍之力也。義帝雖無功、故当分其地而王之。諸将皆曰、善。乃分天下、立諸将為侯王。（項羽本紀）

ここでも懐王は自らの意志決定権を前提に命を下しており、名目だけの実権の伴わない存在と見ることはできない。高祖本紀には上の項羽本紀の記事と同じ内容が次のように記されている。

項羽は人を遣わして懐王に報告した。懐王は「約の如くせよ」と言った。項羽は懐王が自分が沛公とともに西進して入関するのを認めず、北の趙を救援させてそのため約に遅れることになったのを怨んでいた。そこで言った。「懐王は我が一族の項梁が立てた者に過ぎず、攻伐の功績もなく、どうして約を司ることなどできよう。もともと天下を平定したのは諸将と私である」。そして懐王を偽り尊んで義帝とし、実際にはその命令を聞かなかった。

項羽使人還報懐王。懐王曰、如約。項羽怨懐王不肯令与沛公倶西入関、而北救趙、後天下約。乃曰、懐王者、吾家項梁所立耳、非有功伐、何以得主約。本定天下、諸将及籍也。乃詳尊懐王為義帝、実不用其命。

項羽は懐王の命令に不満を感じてもとりあえずは懐王を義帝に格上げすることでそれが自分より上位にあることを周囲に示さざるを得なかった。またここでの懐王の姿勢は、懐王が反秦戦争遂行過程における項羽の行動を全面的に是認しているわけではないことを項羽に感じさせるものだったのではないか。対秦戦争中の項羽にはいくつかの重大な独断的行動があった。項羽の宋義殺害は懐王の命と偽っての行動で、懐王政権は客観情勢を鑑みてそれを追認したが、秦滅亡後は関中平定の功を項羽に帰すことを否定した。また項羽は降伏してきた章邯に懐王政権の承認なしに雍王位を与えている。懐王の命令は、懐王政権が論功行賞の主体となった場合に項羽に与えられるであろう評価への懐疑を呼び起こすものだった。ここにおいて項羽は懐王政権下の一将軍として楚に帰還することの危険を予測することになったものと思われる。

	王号	封建された人物	項羽本紀の関連記事
旧秦	雍王	秦将章邯	
	塞王	秦将長史欣	「故為櫟陽獄掾、嘗有徳於項梁」
	翟王	秦将董翳	「本勧章邯降楚」
	漢王	沛公劉邦	
旧魏	西魏王	魏王豹	
	殷王	趙将司馬卬	「定河内、数有功」
旧韓	韓王	韓王成	
	河南王	瑕丘申陽	「張耳嬖臣也。先下河南、迎楚河上」
旧趙	代王	趙王歇	
	常山王	趙相張耳	「素賢、又従入関」
旧燕	遼東王	燕王韓広	
	燕王	燕将臧荼	「従楚救趙、因従入関」
旧斉	膠東王	斉王田市	
	斉王	斉将田都	「従共救趙、因従入関」
	済北王	斉王建孫田安	「項羽方渡河救趙、田安下済北数城、引其兵降項羽」
旧楚	九江王	黥布	「為楚将、常冠軍」
	衡山王	鄱君呉芮	「率百越佐諸侯、又従入関」
	臨江王	義帝柱国共敖	「将兵撃南郡、功多」
	西楚覇王	項羽	

懐王の命に対して項羽は、懐王に「義帝」の尊号を与えつつ、天下を分割し懐王もその一部となる体制の創建を提案した。それは項羽と戦場をともにした諸将によって認められた。その新体制における王の顔ぶれは項羽本紀によれば九八頁の表のようなものである。

これにより戦国七雄並立体制は、十九の新しい国に切り分けられるかたちで再編されることになった。またこれ以外にも義帝直轄領が設定されており、それを含めると二十の国が立てられたことになる。[28] さらにこのことを記す項羽本紀の記事の後には、対秦戦争開始時に出兵要請に従わず項梁死去の一因となったとみなされた田栄が王に封じられなかったこと、陳余が三県を封じられたこと、鄱君の将梅鋗が十万戸侯に封じられたことが特記されており、この時に上記の十九王以外のさらに小さな単位における分封も行われたことがわかる。クーデターによって項羽に掌握された楚軍は、旧六国連合軍となって秦を滅亡に追い込み、さらに項羽主導の分封を実行に移し独自の支配領域を確保することで、楚懐王政権から自立した政治的実態を有する項羽政権に転化した。

2　十八王封建の特徴

(1)　救趙戦争協力と入関

項羽によって分封された王の顔ぶれからは、次のような特徴を見出すことができる。

第一の特徴は、救趙戦争への協力と項羽に従っての入関が分封の理由として高い比重を占めていることである。救趙戦争は先に検討したように項羽のリーダーとしての資格を確定することになった戦争である。また入関の重視は懐王の約の実質的な実行者として自らを位置づけるためには不可欠な手続きで、共に入関した諸将の存在は自らの入関が劉邦と異なって各地の将軍たちの支持を得てのものであることを主張する意味を持ったものと思われる。

楚の政権中枢から遠く離れた場所で軍事力の掌握を物理的根拠として成立したクーデター政権たる項羽政権においては、論功行賞はクーデターないしはクーデター政権の正当化に協力した者たちが中心的対象とされ、「斉将」田都・「燕将」臧荼といった各国の将軍や、「百越」を率いて参戦した呉芮、済北数城を下した上で兵とともに項羽に降った田安のような軍事的指導者層が分封対象となった。

なお張耳と陳余の待遇の違いもこのことに関わっている。張耳陳余列伝には次のような記事がある。

陳余の客は項羽に説いて次のように言った。「陳余と張耳の趙における功績は一体であります」。項羽は陳余が入関に従わなかったので、彼が南皮にいることを聞き、南皮の旁の三県に封じ、趙王歇を遷して代王とした。張耳の就国に陳余はいよいよ怒り、言った。「張耳と私の功績は同等なのに、張耳は王、私だけが侯にすぎないのは、項羽の不公平である」。

陳余客多説項羽曰、陳余・張耳一体有功於趙。項羽以陳余不従入関、聞其在南皮、即以南皮旁三県以封之、而徙趙王歇王代。張耳之国、陳余愈益怒、曰、張耳与余功等也、今張耳王、余独侯、此項羽不平。

項羽と入関を共にしたか否かは、王位を認められるかどうかに結びつくような重大事と考えられたのである。

(2) 六国王の処遇

第二に、この時王位に就いたのは項羽と滅秦を共にした将軍たちだけではない。分封の実行直前に王位にあった者は、項羽によって殺害された秦王以外は、懐王が義帝と尊称されたのを除き、全員王位に就いた。しかし同時に、項羽は従前の王がそのままの王名を称することを忌避した。燕王韓広は遼東王に、斉王田市は膠東王に、魏王豹は西魏王に、趙王歇は代王に遷されている。韓王成のみは韓王のままだったが、実際には就国することなく、項羽によって彭城に同行させられて侯におとされ、遠からず殺害された。あるいは楚懐王を義帝と尊称したのもそのまま楚王を名乗らせること自体を避けた結果かもしれない。また魏豹彭越列伝には次のような記事がある。

魏豹は亡命して楚に走った。楚懐王は魏豹に数千人を与え、魏地を回復させた。項羽が秦を破り、章邯を下した。豹は魏の二十余城を下した。豹を立てて魏王とした。豹は精兵を率いて項羽の入関に従った。漢元年、項羽は諸侯を封じた際に、梁の地を自ら領有することを望み、魏王豹を河東に徙し、平陽を都とし、西魏王とした。

魏豹亡走楚。楚懐王予魏豹数千人、復徇魏地。項羽已破秦、降章邯。豹下魏二十余城。立豹為魏王。豹引精兵従項羽入関。漢元年、項羽封諸侯、欲有梁地、乃徙魏王豹於河東、都平陽、為西魏王。

魏王豹は楚の援助を受けつつ旧魏地を確保し魏王となり、救趙戦争にも参加し、(29) さらに項羽に従って入関したにもかかわらず、西魏王に移された。項羽は救趙戦・入関に積極的に協力した人物であっても旧七国王家に対しては従前の王名の保全を避けた。こういった点において、項羽は戦国七雄並立体制の破壊者である。

(3) 封地の性格

第三に、原則として王たちは自らと縁の深い土地で王位に就いている。燕では燕将臧荼が王位に就き、遼東王韓広とで旧燕が二分された。斉では斉を三分して田氏一族が王とされた。楚は項羽の西楚・義帝直轄領を含めて五つに分割され、王となった者はいずれも楚を根拠地とする人物と見られる。

三晋でも三晋出身者が王位に就いている。趙ではもとの趙相張耳が常山王に封ぜられ代王と旧趙を二分することになり、西魏王に遷された魏豹と旧魏を二分したのは殷王となった趙将司馬卬だった。また韓も韓王成と河南王となった「張耳の嬖臣」申陽で分割されている。これらは全員三晋出身者と見られるが、その中での趙人の比重は他を圧している。このことは項羽政権にとっての救趙戦争の重みと対応する現象だろう。最後に秦を見ると、ここでも雍・塞・翟の王位に就いているのは全員もとの秦将である。

このように項羽は基本的にその地域の出身者を王位に就けている。十八王封建は旧七国を細分化し旧七国王家の王号を変更するという基本的方向性を持っていたが、同時に旧七国の枠組みをある程度認めるところに成立する地域性の濃厚な体制という一面も持っていた。その中で漢王に封じられた劉邦は唯一の例外だった。

（4）項羽と王たちの関係

第四に、この分封で王位を得た者たちは必ずしも項羽個人との距離が近い者たちではない。項氏一族や項羽の側近的位置にあった季布、鍾離昧のような将軍たちは分封の対象になっていない。旧六国連合軍を基盤とする項羽政権における論功行賞は、少なくとも分封の当初においては項羽の個人的な好悪の感情のみが前面に出たものなどではなかった。このことは、分封実行時の項羽が既存諸侯や配下の将軍たちに対して天下の支配者として振る舞い得るような存在ではなかったことを意味するだろう。

また陳嬰・呂臣等の懐王政権中枢メンバーも分封の対象ではない。項羽の分封は懐王を義帝と尊称しながら義帝直轄地を実態としては他の国と同質化するものだったため、義帝側近集団は義帝楚国内部にその地位を得るにとどまったものと思われる。このことは、楚国内部の政治的序列という枠組みから項羽自身を解放して王位に就けることが分封の意義の一つだったことを示唆する。項羽政権は、項羽の側近たちを西楚の、楚の中枢勢力を義帝直轄王国のメンバーと見るところに成立するもので、そのような体制自体が項羽の義帝政権からの自立を意味していたのである。

3　十八王封建の論理

それでは項羽はなぜこのような特異な体制を構想し得たのだろうか。項羽の分封が旧七国の枠組みを意識したものであることは前述した。しかし同時に分封によって戦国七国は細分化され、戦国期のそれとは大きく異なったものになった。そしてそのような政治的方向性は、楚の名門に生まれて江東で反秦戦を開始した項羽にとってはごく自然なものだったように思われる。

本書でいくどか述べてきたように、秦末の旧楚域は他国に比べて分権性が高く、有力な反秦武装集団の乱立傾向が強かった[30]。そのような傾向は戦国楚の特質を反映するものである可能性が高い。藤田勝久によれば、戦国～秦代の楚域は郡県制と封君・封邑が並立する統治構造をとっていた[31]。戦国楚は楚王による直轄支配が行き渡っていない地域を少なからず含んでいたと見られる[32]。また秦末の楚王についても、旧王権の子孫を立てる必然性に関する意識が希薄で同時に複数の王が立つことへの抵抗感も弱かったと考えられることはすでに言及したところである。

南方楚国は支配領域の広さもあってそれ以外の六国に比べて分権的性格が強く、それを制度的に分割することは他国に比べて容易だったものと思われる。換言すれば楚を全体として中央直轄支配体制下に置くことは相当に困難な事業だったのである。項羽による戦国諸国の細分化はそのような楚領域の特性に対応した体制を中国全土に適用するものとして発想されたのではないかというのが、本章の提起する仮説である[33]。

彭城を根拠地としたことはしばしば項羽の失敗と評価される。当時の中国全体の情勢の中では彭城は東南に偏り過ぎており、東方の斉への備えとしては適していたが、真に重要な西方への備えは不十分だったというのである[34]。しかしそのような見方が成立するのは、漢による統一という結果から発想される後世的な視点による部分が大きいのではないか。東南に偏った彭城を本拠地としたこと自体が項羽の世界観を表現していると考えるべきである[35]。項羽はあくまでも楚にこだわり、諸国細分化による小国林立体制を構想したものと考えられよう。

おわりに

蜂起当初は陳勝に呼応して反秦戦を開始した項梁集団は、陳勝死後は旧楚域の有力集団の統合に主導的な役割を果たし、旧楚王家の末裔を王とする楚軍団の中枢となった。ただしこの時期までの項梁は必ずしも楚の最有力者ではなかった。項梁の死後、楚軍内でのクーデターを成功させた項羽は楚の主力軍を支配下におき、救趙戦争・対秦戦争で自らの軍事的領袖としての力量を証明した。六国連合軍を統括した項羽は、関中に侵攻し、秦王を殺害、宮殿を焼き、秦を最終的に滅亡させた。

しかし、対秦戦の戦後処理にあたり項羽と楚懐王政権の意向の齟齬が顕在化する。ここに至って項羽は懐王政権からの自立を志向することになった。そして分封の実行によって項羽集団は政治的実態を有する項羽政権に転化した。十八王封建は、ともに対秦戦争を戦った将軍たちの王位を認めつつ、項羽自身が直轄地を獲得し王として楚懐王政権から自立するための政策だったものと考えられる。

注意すべきは、分封の実行は項羽政権が天下の実質的な支配者として秦に代わって中国全土に号令するような体制の成立を意味するわけではないことである。十八王封建に関して本章で論じたのはあくまでも項羽側の意図であって、それは既存の王たちと自らに協力した将軍たちを旧楚領域をモデルに小規模化した国々の王とすることに限定されていた。項羽のそのような意図がどの程度実現されたか、その体制が現実の政治的過程でどのような役割を果たしたかはまた別の問題だろう。これについては第五・六章で改めて言及することにしたい。

以上、本章では十八王封建までの項梁・項羽集団について論じてきた。次章では、楚漢戦争突入直前までの劉邦集団について検討しよう。

第四章　註

(1) 閻盛国はこういった視点からの研究成果を①素質説②用人説③観念説④心理説⑤地理説の五種類に類型化して論じている(「二十年来項羽失敗原因研究述評」『高校社科信息』二〇〇三年第一期)。また近年の研究動向を整理したものとして、江娜「近三十年項羽研究綜述」(曹秀明・岳慶平主編『項羽研究(第一輯)』鳳凰出版社、二〇一一)。

(2) 田余慶「説張楚―関于〝亡秦必楚〟問題的探討」(『秦漢魏晋史探微(重訂本)』中華書局、二〇〇四、一九八九初出)。

(3) 陳蘇鎮『漢代政治与《春秋》学』(中国広播電視出版社、二〇〇一)第一章第一節。

(4) 李開元『漢帝国の成立と劉邦集団』(汲古書院、二〇〇〇)。

(5) 藤田勝久『中国古代国家と郡県社会』(汲古書院、二〇〇五)、『項羽と劉邦の時代』(講談社選書メチエ、二〇〇六)、『史記秦漢史の研究』(汲古書院、二〇一三)。

(6) 佐竹靖彦『項羽』(中央公論新社、二〇一〇)。

(7) 『史記』黥布列伝にも「章邯之滅陳勝、破呂臣軍、布乃引兵北撃秦左右校、破之清波、引兵而東。聞項梁定江東会稽、渉江而西」とある。

（8）陳勝之起也、布酒見番君、与其衆叛秦、聚兵数千人。番君以其女妻之。（黥布列伝）

（9）秦末の呉芮集団については、吉開将人「漢初の封建と長沙国」（『日本秦漢史学会会報』九、二〇〇八）一四九～一五二頁に言及がある。

（10）陳王初立時、陵人秦嘉、銍人董緤、符離人朱雞石、取慮人鄭布、徐人丁疾等皆特起、将兵囲東海主慶於郯。……秦嘉等聞陳王軍破出走、乃立景駒為楚王、引兵之方与、欲撃秦軍定陶下。（陳渉世家）

（11）楚王景駒始、秦嘉立之。（秦楚之際月表、楚・二世二年端月）

（12）陳勝等起兵、（張）良亦聚少年百余人。景駒自立為楚仮王、在留。良欲往従之、道遇沛公。沛公将数千人、略地下邳西、遂属焉。（留侯世家）

（13）沛公怨雍歯与豊子弟叛之、聞東陽甯君・秦嘉立景駒為仮王、在留、乃往従之、欲請兵以攻豊。（高祖本紀）

（14）梁撃殺景駒・秦嘉、遂入薛、兵十余万衆。（秦楚之際月表、項・二世二年四月）

（15）これについて佐竹靖彦は、項梁が同盟を求めたのに対し、陳嬰軍の方から同盟でなく従属を撰んだものとする（『項羽』102頁）。

（16）章邯已破渉、囲咎臨済。（『史記』秦楚之際月表、魏・二世二年端月）

（17）儋救臨済、章邯殺田儋。栄走東阿。（秦楚之際月表、斉・二世二年六月）

（18）秦将章邯囲魏王咎於臨済、急。魏王請救於斉、斉王田儋将兵救魏。章邯夜銜枚撃、大破斉・魏軍。殺田儋於臨済下。（田儋列伝）

章邯已破陳王、乃進兵撃魏王於臨済。魏王乃使周市出請救於斉・楚。斉・楚遣項它・田巴将兵随市救魏。章邯遂撃破殺周市等軍、囲臨済。咎為其民約降。約定、咎自焼殺。（魏豹彭越列伝）

咎自殺、臨済降市秦。（秦楚之際月表、魏・二世二年六月）

（17）魏豹亡走楚。楚懐王予魏豹数千人、復徇魏地。項羽已破秦、降章邯。豹下魏二十余城。立豹為魏王。（魏豹彭越列伝）

（18）章邯走而西、項梁因追之。而田栄怒斉之立仮、迺引兵帰、撃逐斉王仮。仮亡走楚。斉相角亡走趙、角弟田間前求救趙、

因留不敢帰。田栄乃立田儋子市為斉王、栄相之、田横為将、平斉地。（田儋列伝）

(19) 田仮走楚、楚趣斉救趙。田栄以仮故、不肯、謂楚殺仮乃出兵。項羽怒田栄。（秦楚之際月表、斉・二世二年九月）

(20) このことは高祖本紀でも「秦二世三年、楚懐王見項梁軍破、恐、徙盱台都彭城、并呂臣・項羽軍自将之」とされている。

(21) 松島隆真は「楚の空中分解の危険は、懐王が「戦う姿勢」を示しつつ軍を掌握したことで、当面は回避された」と評価する。松島隆真「鉅鹿の戦いとその歴史的意義—「懐王の約」をめぐる項羽と劉邦—」（『中国古代史論叢　第九集』立命館東洋史学会、二〇一七）八七頁。

(22) 趙数請救、懐王乃以宋義為上将軍、項羽為次将、范増為末将、北救趙。（高祖本紀）

(23) 使公孫慶使斉王、欲与并力倶進。斉王曰、聞陳王戦敗、不知其死生、楚安得不請而立王。公孫慶曰、斉不請楚而立王、楚何故請斉而立王。且楚首事、当令於天下。田儋誅殺公孫慶。（陳渉世家）

景駒使公孫慶譲斉、誅慶。（秦楚之際月表、斉・二世二年二月）

(24) 『尉繚子』戦威篇には「夫勤労之師、将不必先己、暑不張蓋、寒不重衣、険必下歩、軍井成而後飲、軍食熟而後飯、軍塁成而後舎、労佚必以身同之。如此、師雖久而不老不弊」とある。

(25) 將戮力而攻秦、久留不行。今歳饑民貧、士卒食芋菽、軍無見糧、乃飲酒高会、不引兵渡河因趙食、与趙并力攻秦、乃曰、承其敝。夫以秦之強、攻新造之趙、其勢必挙趙。趙挙而秦強、何敝之承。且国兵新破、王坐不安席、埽境内而専属於将軍、国家安危、在此一挙。今不恤士卒而徇其私、非社稷之臣。（項羽本紀）

(26) 柴田昇「秦漢時代の賢と孝—戦国末期〜前漢前半期の人物評価と人材登用—」（『地域と人間から見た古代中国—江村治樹教授退職記念中国史論集—』名古屋中国古代史研究会、二〇一二）一一七〜一一九頁。

(27) なおここで述べたのはあくまでも項羽が軍団の領袖たり得た根拠であって、項羽が対秦戦争に勝利した原因ではない。項羽の成功・失敗自体を結果論ではない形で論じることは本書の手に余る課題である。

(28) 義帝直轄領の位置に関して、藤田勝久は呉芮・黥布・義帝の領地がほぼ「南楚」に当たるとする（『項羽と劉邦の時代』一四一頁）。佐竹靖彦も南楚を義帝の領地とみる（『項羽』二一六頁）。これに対して鶴間和幸は「義帝自身には何の領

(29) 地もな」かったとする(『始皇帝陵と兵馬俑』一四四〜一四五頁)。

(30) 豹救趙。(秦楚之際月表、魏・二世三年十二月)

(31) 本書第二章。

(32) 藤田勝久『中国古代国家と郡県社会』第一篇第五章・第六章。

(33) 山田崇仁は戦国楚における「疆域の連続化」について「広大な地域をどこまで領域化できたか疑わしい」とし戦国楚が春秋的性格を色濃く残すことを指摘する(「春秋楚覇考」『立命館文学』五五四、一九九八、四六頁)。

(34) これに関連して藤田勝久は項羽の分封を「楚国とその属国を基礎として、大きな楚国の領域を形成し、その周辺の地域(三秦、韓、魏、趙、燕、遼東、斉など)は独自の制度を認めたものではないか」とし、「項羽の体制は、戦国楚の国家と封君のあり方が、そのモデルであった可能性がある」とする(『史記秦漢史の研究』四二二頁)。

(35) 岳慶平「西楚的歴史沿革」(曹秀明・岳慶平主編『項羽研究(第一輯)』鳳凰出版社、二〇一一)二三〜二五頁。

(36) 王子今は彭城を首都にしたことの意義を積極的に評価する。(「論西楚覇王項羽〝都彭城〟」『項羽研究(第一輯)』)。

第五章　劉邦集団の成長過程

はじめに

秦漢史研究において劉邦集団は一貫して重要な研究対象であり続けてきた。一九四〇年代末から始まったいわゆる秦漢帝国論争の初期においては、劉邦集団の性格と漢帝国との関係[1]、劉邦集団の結合原理と秦漢期に普遍的な社会的結合様式との関連[2]といった問題が中心的論点となった。六〇年代以降、皇帝と小農民の関係が秦漢史研究において主題化される中で劉邦集団研究は低調化したが、八〇年代末以降に活性化した秦～前漢政治史のメインテーマの一つとして劉邦集団にも再び注目が集まっている[3]。

本章は、民間反秦武装集団の一つだった劉邦集団が政治権力へと成長し劉邦が漢王位を獲得するまでの過程を、『史記』の記事を再検討しつつ跡付けることを目的とする。予想される結論を先取りして述べるならば、もともと中小規模の孤立的民間武装集団だった劉邦集団はいくつかの政治的事情によって政治権力への転化を成し遂げた。そしてそれらの多分に偶発的・突発的な諸事情が、秦末～楚漢戦争期の政治過程を強く規定している。伝世文献資料は漢帝国の成立・長期的継続という結果から遡及的に歴史像を構築する面を持っており、そこでは常に漢・劉邦にスポットライトを当てる形で歴史叙述がなされる傾向がある。しかし当該期の歴史的過程において劉邦集団が常に主導的な位置にあり続けたわけでは当然ながらない。劉邦集団は秦末漢初期の歴史的状況の中にその一般性と固有性を含み込む形で位置付けられる必要があるだろう。

また筆者は本書第三章において項羽と劉邦を対極的に位置付けて扱おうとする『史記』の叙述傾向について論じ、その作業の上で第四章では項羽政権の成立過程に関する分析を行った。『史記』から見出される劉邦集団の性格の解釈は、項梁・項羽集団の位置づけと不可分である。本章は、前章において述べた項羽政権の成立過程を踏まえつつ劉邦集団の成長過程を再構成しようとする試みでもある。

第一節　劉邦集団の成立

1　集団の成立と沛の制圧

劉邦集団の成立地点は『史記』高祖本紀によれば豊の西沢である。高祖本紀には明確な記載がないが、劉邦蜂起の時期について木村正雄は、始皇三十五年に酈山の役が始まり亭長の職務として役徒を酈山に送る際のことし、李開元もそれに従っている(4)。亭長として役徒を酈山に引率する途中、脱落者の多さを見た劉邦は酒宴を開き役徒を解放し、自らも逃亡することを宣言した。この時十数名が劉邦と行動を共にすることを望んだ。これが劉邦集団の初発である。

そのあとしばらく劉邦集団は碭・泗水郡あたりの「山沢巌石の間」に潜んでおり、沛令による呼び出しの記事まで明確な活動の記録が見出せない。陳勝呉広の乱に呼応した人々によって県令等の長吏が殺害される事件が頻発していることを憂慮した沛令は、沛県を挙げて陳勝に呼応することを目論んだ。そして沛県の人々を糾合するために、樊噲らの言に従って劉邦集団を呼び寄せることにしたという。

沛県に到着した劉邦集団を見て心変わりした沛令は立ち入りを拒んだ。この時点における劉邦集団の規模を『史記』高祖本紀は「数十百人」、『漢書』高帝紀は「数百人」と記す。結局沛県の父老子弟によって沛令は殺害され、劉邦が沛公として立つことになった。これを秦楚之際月表では二世元年九月のこととする(5)。この時沛県の子弟二・三千人が劉邦集団に吸収された。劉邦集団はここではじめて県レベルの軍事拠点を獲得することになり、以後沛県を拠点として周辺地域での軍事行動を開始する(6)。

しかしこのようにして成立した劉邦の沛県支配は決して強固なものではなかった。高祖本紀の記事を見よう。

秦の泗川監の平が兵を率いて二日間豊を囲んだので、沛公は出撃して戦い、これを破った。雍歯に命じて豊を守らせ、兵を率いて薛に向かった。……陳王は魏人の周市に各地を攻略させた。周市は使者を送って雍歯に告げた。「豊はもともと梁人が遷った土地である。いま魏地で平定したのはすでに十数城に達する。おまえがもしいま魏に降るなら、魏はおまえを侯とし豊を守らせよう。降らないのであれば、豊を屠るだけである」。雍歯はもともと沛公に属すことを欲していなかったので魏の誘いに応じ、沛公に叛いて魏のために豊を守ることになった。沛公は引き返して豊を攻めたが、奪取することはできなかった。

秦泗川監平将兵囲豊二日、出与戦、破之。命雍歯守豊、引兵之薛。……陳王使魏人周市略地。周市使人謂雍歯曰、豊、故梁徙也。今魏地已定者数十城。歯今下魏、魏以歯為侯守豊。不下、且屠豊。雍歯雅不欲属沛公、及魏招之、即反為魏守豊。沛公引兵攻豊、不能取。

劉邦が留守中の豊邑の守りを任せた雍歯は周市の説得に応じて魏に寝返り、劉邦集団と対立することになった。これに対して劉邦は豊邑奪還を目指すも挫折する。周市は陳勝によって魏に派遣された将軍で、魏地平定後に地域の人々や斉・趙から魏王となることを請われたが拒否し、陳勝のもとにいた王族魏咎を王として魏に迎え、その相となった人物である。陳勝は魏の自立を積極的に支援したわけではないが、最終的には周市の説得に折れて自らの庇護下にあった魏咎を王として魏に送り出している。(7) 秦楚之際月表によれば、魏咎が王となったのは二世二年十二月、(8) 雍歯が魏に降ったのもほぼ同時期である。(9) この時点での陳勝政権と魏は敵対関係にあったとはみなし難い。そのような状況下で周市の策謀によって豊邑を奪われたことは、劉邦集団が陳勝政権と強いつながりを持っていなかったことを意味する。

また、魏王が立った段階では燕・趙・斉は既に自立して王を称している。(10) 劉邦集団が生まれた地域は斉・魏・

楚の交界地域だが、ここまでの一連の動きからすれば劉邦集団は王を称する各国のいずれに対しても明確な従属性をもっていない。この時期までの劉邦集団は陳勝政権をはじめとする周辺勢力と特に共闘関係を持っていない孤立的武装勢力だったと考えてよい。

2 楚軍への合流

雍歯の裏切りとそれによる豊邑の喪失は、劉邦集団の動きに大きな転換を迫ることになり、沛県を拠点にごく狭い範囲で孤立的な軍事行動を行っていた劉邦集団が周辺諸勢力への合流を模索するきっかけとなった。大型武装集団との合流へと方針転換した劉邦集団はまず秦嘉集団に接近し、景駒楚軍の一員として戦闘に参加し碭を制圧、碭の兵五・六千人を吸収した。(11) その後劉邦集団は再び豊奪還を試みているが、それは不調に終わっている。(12)

劉邦集団はそのあと項梁集団から兵五千を借り受けている。(13) 秦嘉集団との共闘で兵力を増強した劉邦集団は再び豊奪還を試みたが果たせなかった。そのため今度は項梁集団に接近し支援を請うたのである。劉邦が項梁から兵力を借り受けた時期は秦嘉集団の崩壊とほぼ同時期とみられる。(14) このような動きは、劉邦の秦嘉集団への合流が一時的なものだったこと、秦嘉集団の崩壊にともない劉邦集団が項梁傘下に鞍替えしたことを意味していよう。換言すれば、劉邦集団のより大きな集団への合流は機会主義的な一時的なものであって、必要に応じて合流・共闘・離脱を繰り返すのがこの時期における劉邦集団の基本的な行動スタイルだったことを示唆するものである。

楚国諸勢力を糾合した項梁集団は、秦楚之際月表によれば秦二世二年六月に、懐王を立て楚を復活させた。(15) 劉邦もこの時薛で楚王を立てたグループの一員となっていた。(16) 以後劉邦集団は懐王楚国の一部隊として転戦する。

上述の如く劉邦集団は、斉・魏・楚の境界地域で、比較的巨大な武装勢力の周辺部で生まれた、沛県を中心とするごく狭い地域を制圧するのみの中小規模の自立的反秦武装集団に過ぎなかった。それがより巨大な集団への合流へと活動方針を転換した契機は配下の裏切りによる根拠地の動揺だった。その結果楚域の集団への合流を選択したのは、他集団との共闘を模索することになったきっかけが魏と結んだ配下の裏切りだったため魏を敵視せざるを得ない事情が存在したことと、武装集団が乱立していた楚の状況によるものだろう。

『史記』陳渉世家によれば、陳勝政権成立期の楚国東部北辺地域では都市単位の反秦武装集団が活動を開始していた。[17] 劉邦集団の初発地域はそれら楚国東部北辺都市群のやや北にあたる地域である。また劉邦集団が沛県を獲得した頃の楚には複数の武装集団が並立しており、旧楚全域に実効的な支配を及ぼす楚王は存在しなかった。秦末期の楚には、西方に陳勝政権の張楚が、また陳勝死亡後にはそれを継承した呂臣の旧陳勝政権軍があった。東方北部では先述した群小の反秦武装集団が秦嘉を中心に結集し、それらはやがて景駒を王に立て一大勢力を築くことになった。東方南部の諸集団は項梁らによって結集され、さらに南方でも陳勝集団の一部だった葛嬰が一時襄疆を楚王に立て、その滅亡後には呉芮・黥布を中心とする大軍団が生まれていた。劉邦集団はこのような旧楚域全体の状況の中で、都市レベルの反秦武装集団が林立しそれらが徐々に秦嘉を中心とする大集団に統合されていった地域の外延部において、それらの武装集団よりもやや遅い時期に生まれた集団だったといえよう。統一的な王権が存在しなかった楚域は新興武装集団が既存集団間の抗争の中に入り込みやすい、比較的流動性の高い空間だったものと思われる。

楚域の有力集団への合流を目論んだ劉邦集団は、徐々に勢力を拡大し、豊邑を奪還するに至る。劉邦集団が楚域の武装集団との合流を基本方針としたことは劉邦集団＝楚人集団という基本的イメージが定着する端緒となった。しかし上述の過程を踏まえるならば、劉邦は本来楚人だったというよりも、目前の状況を踏まえて楚人として振る舞うことを選択したと考えるべきだろう。[18] そして劉邦集団は以後一貫して楚軍の一部として活動してゆくことになる。

第二節　関中攻略の背景

1　懐王の約の意味

楚軍全体にとっても劉邦集団にとっても大きな転機となったのが、項梁の戦死である。楚懐王擁立時、楚政権の中枢を占めたのは陳嬰を中心とする側近たちだったものと考えられ、項梁は懐王擁立後の楚政権の中では必ずしも最高権力者だったわけではなかった。しかし項梁が楚の軍事外交部門における最有力者の一人だったことは明らかで、その死は楚懐王政権に大きな衝撃を与えることになった。

項梁の死に対して懐王政権中枢部は、盱台からより前線に近い彭城に拠点を移動し楚国主力軍を直接掌握する方針をとった。そして劉邦は碭郡長となり郡兵を率いることとなった。この頃項梁軍を破り楚軍を抑え込んだ秦軍は北の趙に鉾先を転じていた。趙からの度重なる救援依頼に対して、楚懐王は宋義を上将軍とする主力軍を投入することにした。その一方で劉邦に西進を命じた。またこの時、諸将に対して、先に関中を平定した者は王とするとの約を宣布したという。これがいわゆる「懐王の約」の公布である。

『史記』は劉邦とともに西方攻撃軍に加わることを望んだ項羽に対して、懐王及び楚政権中枢集団と見られる人々が次のように評したことを伝えている。

懐王の老将たちは皆「項羽の性質は残忍で、かつて襄城を攻めたとき、城内には生き残る者はなくみな穴埋めにされ、他にも項羽の通過するところで破壊虐殺されないところはありませんでした。……ここは長者を遣わし義によって西進せしめ、秦の父兄に諭させるのがよいでしょう。秦の父兄は暴君に長く苦しんでいます。今実際に長者を得、それが暴威をふるわなければ、彼らは必ず降るでしょう。残虐な項羽を遣わすべきではありません。ただ沛公のみはもともと寛大な長者なので、派遣してもよいでしょう」と述べた。

懐王諸老将皆曰、項羽為人慓悍猾賊。項羽嘗攻襄城、襄城無遺類、皆阬之、諸所過無不残滅。……不如更遣長者扶義而西、告諭秦父兄。秦父兄苦其主久矣、今誠得長者往、毋侵暴、宜可下。今項羽慓悍、今不可遣。独沛公素寛大長者、可遣。（高祖本紀）

これによれば、懐王は劉邦の人格を高く評価し劉邦を強く信任していたことになる。しかし第三章で述べたように『史記』には項羽と劉邦を対照的に記述する傾向があり、また項羽の人格的欠陥についての言及もしばしば見出され、それらによって劉邦との人格的対照性が補強されてきた。(19) 上の記事もそのような『史記』の傾向に沿って排列されたエピソードと見ておきたい。

またこの時期における楚政権の動きを項羽への不信と劉邦への信頼という文脈から理解することは妥当とは考えにくい。高祖本紀には懐王の約が記された直後に前章で述べた如く次のような記事がある。

この頃秦軍は強力で、勝ちに乗じては敗軍を追撃しており、楚の諸将には先がけて入関することを望む者はなかった。項羽のみが秦軍によって項梁軍が破られたことを怨み、奮って沛公とともに西に進んで入関することを願った。

当是時秦兵強、常乗勝逐北、諸将莫利先入関。独項羽怨秦破項梁軍、奮願与沛公西入関。

これによれば、懐王が彭城に移った時期の秦・楚の力関係に関しては秦の側が大きく優勢と、楚軍内部においてすらも見られていたことになる。西進して直接秦本土を衝く作戦はほとんどの将軍にとって勝算がないと考えられており、西進を積極的に望んだのは叔父の仇討という明確な動機を持つ項羽くらいのものだったという。この記事に従うならば、楚軍の対秦戦勝利の可能性について大多数の将軍は懐疑的だったし、ましてや劉邦の率いる軍が単独で秦本土を制圧するような展開はこの時点では全く想定されていないのである。

さらに、以後の楚軍中枢部隊の動きについても、秦軍に対する軍事的な優位を前提としたものとは思われない。前章で言及したように、懐王により上将軍に任じられた宋義は軍を長期にわたって敢えて進軍させず、斉との共闘を模索しつつ趙・秦の共倒れを狙った。宋義には、あるいは宋義を軍事総責任者に任じた懐王とその側近たちには、趙と連携しての秦軍との直接衝突よりも、秦軍の疲弊を待ちつつ斉との共闘関係を構築することの方がより現実的な戦略と判断されたのである。そのような状況の中では、西方に派遣された劉邦軍の重要性をあまり高く評価することはできない。高祖本紀に「遣沛公西略地、収陳王・項梁散卒」とあるように、秦軍によって壊滅させられた張楚・項梁軍の敗残兵を、その地域の秦軍を排除しつつ再組織化することが劉邦軍の第一の使命だったとみたほうがよい。いわばそれは、西方の秦軍を牽制しつつ壊滅状態に近かった彭城以西の楚軍を立て直すために派遣された別働隊以上のものではなかったと考えるべきなのではないか。

それでは懐王の約はどのような脈絡において宣布されたのだろうか。『史記』秦楚之際月表・二世二年後九月では漢の条にこの約のことが「懐王封沛公為武安侯、将碭郡兵西、約先至咸陽王之」と記されており、懐王の約が劉邦を強く意識して宣布されたことを印象付ける構成がとられている。しかしそもそも懐王の約は、高祖本紀に「諸将」との間に結ばれたものであることが明記されているように、劉邦を関中王にすることを念頭において述べられたものとは考えにくい。この時期までの劉邦の事績の中に懐王との直接的結びつきを示唆するような記事は見出せない。上述の如く当時は劉邦が単独で関中を平定し得る可能性が想定されるような情勢でもなかった。

筆者は懐王の約を、懐王の理解している天下像に即した論功行賞の一基準と見るのが適当と考える。懐王の約は、自らとは別の王が関中に立つことを積極的に認めるものである。懐王に国家構想といい得るものがあるとすれば、それは天下に多くの王が存在する諸王並立の体制だった。つまりこの約から浮かび上がってくるのは、懐王に天下を統一的に支配する積極的な意志がないこと、換言すれば天下に楚王以外の王が存在し、旧秦領域においてもその地域の王が立つ体制こそが楚において構想され得る自然な天下像だったことである。[20]

懐王の約とは、そのような発想に従って宣布された論功行賞基準の一つに他ならない。[21]もちろん王がオフィシャルな場で語った約であればある程度の影響力がないはずはなく、入関を目論む者が懐王の約を全く意識しなかったわけでは必ずしもあるまい。しかしそれはそもそも、楚軍全体にとっても、当時の政局全体にとっても、大きな影響を与え得るようなものではなかった。懐王の約とは、王位が得たいのであれば関中まで攻め込めとの、将軍たちを鼓舞するためのスローガンに類するものとみるべきである。[22]

懐王の約に強い政治的意味を与えるきっかけをつくったのは、この時期に発生した二つのクーデターである。

2 第一のクーデター

第一のクーデターは項羽によって引き起こされた。趙救援のために宋義に率いられた楚国主力軍は、趙に向かう途中の安陽で四十六日間にわたって行軍を停止した。これに対して項羽は宋義に抗議し趙と連携して秦軍を挟撃することを主張したが、受け入れられなかった。項羽本紀によれば、この時宋義は項羽に対して自らの戦略的方向性を説明している。前章でみたように、宋義の基本戦略は秦趙の共倒れに乗ずること、さらに言えばこの時期まだ精強だった秦軍の疲弊を待つことだった。宋義はこの時点での秦軍との直接対決に十分な勝算を見出すことができなかったのである。さらに宋義は我が子を斉に宰相として送り込もうとした。宋義は息子の宋襄を斉に送り込む際に、軍を停止させたまま自ら途中まで見送り酒宴を開いたという。宋義はかつて使者として項梁により斉に派遣されたことがあり、斉との間に何らかの太いパイプを持っていたものと思われる。宋義は秦軍の疲弊を待ちつつ斉との共闘体制を築くことで対秦戦に臨もうとしていたのである。しかし項羽は宋義のそのような一連の行動を楚への裏切りと判断し、クーデターを断行、楚王の命と偽って宋義を殺害し楚国主力軍を直接掌握するに至った。

これに対して楚懐王は項羽の行動を追認し上将軍とした。項羽のクーデターが発生した安陽は懐王が拠点としていた彭城から遠く離れており、また宋義が率いていた軍は秦の章邯軍との直接対決の可能性を視野に入れた楚国主力軍だったため、クーデターの実行者であり楚国主力軍を丸ごと手中に収めた項羽に懐王側から懲罰を加えることは困難だった。また項羽は宋義を誅殺した表向きの理由を懐王の命令と称していた。そしてクーデター直後に項羽が仮上将軍となっているように、項羽の行動は楚国主力軍将兵の強い支持を受けていた。項羽の行動を批判することは、その命を下したことになっている懐王自身のマイナス評価につながる。前章でふれたように、項羽のクーデターは、秦末期において価値あると認められる行動のコードに沿った形で遂行されていた。自己の栄達のみを考え自軍の兵士を飢餓状態に置きながら斉に接近した宋義と、危険を省みず上官を殺害して趙救援という使命を完遂し信義を貫こうとした項羽という対比は、多くの将兵にとって受け入れやすい明解な構図だったのではないか。懐王が項羽のクーデターを追認した背景にはこのような楚軍将兵の「輿論」があったものと思われる。

既述の如く、楚懐王および楚政権中枢部は天下統一に類するビジョンなど持っていなかったし、そのようなものを持ち得る情勢でもなかった。宋義の動きは、当時の楚政権中枢が秦軍の軍事的能力を過小評価していないこと、秦帝国軍との全面対決を最優先で解決されるべき目前の課題とは考えておらず、大国間の力関係を利用した楚領域の保全と楚国勢力の拡大こそを最重要課題としていたことを示唆するものである。

項羽のクーデターはこのような楚政権中枢の構想を無効化するものだった。楚国主力軍を掌握した項羽は以後自律的な活動を開始し、楚政権中枢の意志を越えて滅秦に突き進んでゆく。

3　第二のクーデター

一方劉邦軍は移動の過程で徐々に兵を増やしていたが、その進軍は決して順調ではなかった。先に述べたように、劉邦軍の第一の使命は楚軍敗残部隊を吸収して彭城以西の楚軍を再組織化することだった。そのため劉邦軍は彭城よりやや西の地域をまず主戦場とした。高祖本紀によれば、西方に派遣されてからの劉邦軍の動きは以下のようなものである。

沛公は兵を率いて西に進み、昌邑で彭越と遇った。ともに秦軍と戦ったが、戦況は思わしくなかった。兵を引いて栗に至って、剛武侯の軍と遭遇し、その軍を奪って四千余人を吸収した。魏将皇欣・魏申徒武蒲の軍と連合して昌邑を攻撃したが陥落させることはできなかった。そのため西に転進して高陽を通過した。……酈食其は沛公に陳留を襲撃して秦の食料を奪うことを説いた。そして沛公は酈食其を広野君に任じ、酈商を将軍として、陳留の兵を率いてともに開封を攻めたが、開封を下すことはできなかった。

沛公引兵西、遇彭越昌邑。因与倶攻秦軍、戦不利。還至栗、遇剛武侯、奪其軍、可四千余人并之。与魏将皇欣・魏申徒武蒲之軍并攻昌邑、昌邑未抜。西過高陽。……（酈）食其説沛公襲陳留、得秦積粟。乃以酈食其為広野君、酈商為将、将陳留兵、与偕攻開封。開封未抜。

この記事によれば劉邦は進軍過程で昌邑で一時彭越と合流し、高陽では酈食其・酈商を従えたという。また、る。

粟で剛武侯の兵四千を奪い、陳留にあった秦の食料も奪取している。[23] しかし都市レベルの拠点争奪戦ではあまり大きな戦果を挙げることができておらず、昌邑での二度の戦闘や開封での戦闘では成果を挙げられないまま転戦を繰り返している。劉邦軍が大きな戦果を挙げたと思しき記録が見られるのはこの直後の秦軍との戦闘からである。

沛公は西に進んで秦の将軍楊熊と白馬で戦い、また曲遇の東で戦い、これを大いに破った。楊熊は敗走して榮陽に逃れ、二世皇帝は使者を派遣してこれを斬刑にした。劉邦軍は南進して潁陽を攻め、これを攻め落とした。さらに張良に従って遂に韓の轘轅を攻略した。

西与秦将楊熊戦白馬、又戦曲遇東、大破之。楊熊走之滎陽、二世使使者斬以徇。南攻潁陽、屠之。因張良遂略韓地轘轅。（高祖本紀）

拠点的都市の攻略に失敗し続けていた劉邦軍は、秦の将軍楊熊との戦闘で勝利を得、[24] その勢いに乗って潁陽を陥落させ、また韓人張良の先導で韓の地を攻略するに至った。旧韓地域は旧六国中でも秦帝国の支配力が特に強く及んでいた地域で、秦末期における独自の王の擁立が最も遅れた地域でもある。この地域への進出は、劉邦軍が秦本土にようやく肉薄し始めたことを意味する。

しかしこの時点で秦本土への侵攻を目論んでいたのは劉邦の部隊だけではなかった。高祖本紀には上の記事の直後に次のように記されている。

この時、趙の別将司馬卬が黄河を渡って関中に入ろうとしていたので、沛公は北上して平陰を攻め、黄河の渡し場を断った。

当是時、趙別将司馬卬方欲渡河入関、沛公乃北攻平陰、絶河津。

このことは秦楚之際月表・二世三年四月に潁陽攻撃・韓地攻略とまとめて「攻潁陽、略韓地、北絶河津」と記されている。趙の別将司馬卬が黄河を渡り関中に入ろうとしたのを劉邦が妨害したとの記録は、反秦戦争に挑んでいた旧六国が必ずしも一枚岩ではなかったことを示していよう。

しかし司馬卬の動きを妨害することはできても、劉邦軍自体が関中に侵攻することはできなかった。このあと劉邦軍は再び南下して洛陽攻略に取り組んだが戦果ははかばかしくなく、陽城まで引き返し南陽守齮を犨の東の戦闘で破り、さらに南陽郡を攻略した。逃亡し宛に立てこもった南陽守齮に対して、(25)劉邦は張良の意見を容れて宛を囲み、南陽守齮の舎人陳恢の言を受けて、南陽守齮を殷侯とし、陳恢を千戸に封じた。その上で西進すると、行く先々の者たちが劉邦のもとに投降してきたという。(26)このあと胡陵・析・酈などでの戦闘でも劉邦軍は勝利を積み重ねている。

以上の一連の戦闘過程で劉邦軍はある程度の規模拡大を達成してはいたが、関中侵攻に関してはその好機を見出すことができず移動を繰り返すにとどまっていた。そしてここで劉邦のスムーズな入関を可能とした大きな事件が発生する。趙高による第二のクーデターがそれである。二世三年八月、趙高は二世皇帝を殺害し、子嬰を秦王位に就けた。(27)二世を殺害した趙高は、劉邦に使者をよこし、関中を分割してともに王となることを提案したが、劉邦はそれを偽りとみた。そして、秦の将軍たちを説得し味方に引き込む工作を行い、また自軍による略奪を禁止することで秦の民衆の支持を得たという。(28)また趙高自身も二世皇帝の弟である秦王嬰によって殺害されることになり、趙高のクーデターはごく短い期間で挫折した。秦王嬰は劉邦軍に対抗しようとしたが、劉邦の説得に従い、短期間で劉邦に降伏した。これによって劉邦軍は関中を平定することになった。[29]

ここまでの経緯からわかるように、劉邦の関中制圧は、劉邦軍と秦本土軍の決戦の結果として勝ち取られたものでなかった。それは、突発的に発生した宮廷内のクーデターにより秦国の政治中枢に深刻な混乱が生じ、その混乱に乗じることで結果的に関中侵攻が可能となったものと見なくてはならない。秦帝国内部の自滅の結果として劉邦は関中に侵攻でき、また秦本土を平定できたのである。

以上より、この時期の全ての人にとって劉邦の関中平定は予想外の事態だったといってよい。そしてこのような事態の推移は、懐王の約に重い意味を付与することになる。

第三節　漢王劉邦の誕生

1　戦後処理と懐王の約

クーデター成功後の項羽は、楚国主力軍を結集し対秦戦争に大きな成果を挙げ続ける。その過程で楚以外の旧六国の軍団も救趙戦・対秦戦に集結した。すでに宋義誅殺以前から斉将田都・燕将臧荼が救趙戦に加わっていた。[30] 宋義誅殺後には斉の田安や魏王豹も参戦した。[31] そして鉅鹿で秦軍を大破したのち「諸侯の将は皆項羽に属[32]」し、項羽の軍事的権限は急速に巨大化した。救趙戦に集結した六国各国の軍はほぼ丸ごと項羽指揮下に入ることになったのである。

実質的な旧六国連合軍となった項羽軍団は、秦帝国との決戦のために西方に進軍した。しかし項羽軍が秦本土に入る前に、既に劉邦によって関中は平定されていた。劉邦は入秦時に秦人に対して「法三章」を定め、懐王の約を根拠として自らが関中王となることを宣言したと言う。[33] しかし懐王の約の存在は、それだけで項羽軍団を劉邦に従わせ得るような強制力を持たなかった。それは項羽とその周辺によって容認されるところではなく、劉邦は項羽への従属を余儀なくされた。いわゆる鴻門の会を経て、項羽は関中に侵攻し、劉邦が温存した秦の宮廷を破壊し秦王を殺害する。

秦を最終的に滅亡させた項羽は楚懐王に使者を送り、戦後処理について指示を仰いだ。『史記』が伝える懐王の返答は前章で述べた如く項羽本紀と高祖本紀の間でいくつかの差異があるが、それが「如約」することを求めた点は共通している。ここにおいて懐王の約が対秦戦争の戦後処理に強い影響を及ぼし始めることになり、劉邦の漢王位獲得という事態もその延長線上に発生する。以下、項羽による分封の性格を劉邦の立場を含めて整理し直しておこう。

懐王が戦前の約の遵守を確認したことからは、懐王が項羽に対してとろうとしている態度が推定される。秦を滅亡させた時点で、項羽は旧六国連合軍を率いる圧倒的な軍事力の保有者だった。しかし懐王から見れば項羽は本来自らの配下たる楚の一将軍にすぎない。懐王による約の強調は対秦戦争の第一の功績は項羽には帰せられないことを表明したものである。そもそも項羽が対秦戦争を主導することになったのは懐王によって上将軍に任じられた宋義を懐王の命と偽って殺害したクーデターを発端とする。項羽の業績は、懐王ら楚政権中枢部からすれば矯命による独断専行がたまたまうまくいった結果に過ぎない。懐王は約の遵守を求め劉邦の関中平定の意味を強調することで、項羽の業績を相対化・矮小化することになった。

そして同時に、懐王のそのような態度は、項羽の側から見れば楚の一将軍として懐王のもとに帰還した場合の危険を予測させるものだっただろう。現時点でいかに巨大な軍団の領袖であろうと、その軍団を構成する六国各軍はいずれ各国に帰還する。項羽自身も楚に復帰すれば必ずしも楚国主力軍を常に指揮下に置くことができるとは限らない。諸国軍が項羽のもとに結集したそもそもの目的である対秦戦争が終結し秦帝国が完全に崩壊した以上、諸国軍が項羽の指揮下にある必然性は著しく減衰しており、楚政権中枢にとっても項羽に巨大な軍団を掌握させておく必要性は消滅している。秦の滅亡は、楚政権中枢から見れば項羽の軍事的価値の消滅でもあった。

ここにおいて項羽は懐王政権から自立し独自の勢力基盤を確立するための動きをとることを迫られることになった。そして懐王の戦後処理命令に項羽は独自の論功行賞を行うことで対応した。これがいわゆる十八王の分封である。項羽は秦によって統一されていた領域を、自らの対秦戦争・関中平定事業に何らかの形で貢献した人物十三人とこの時点で王を称していた五人を王とし、さらに自らを西楚覇王とし、楚懐王も義帝と尊称した上で、それぞれ独自の国を立てることで細分化した。秦帝国は項羽によって二十の国に分割されたのである。[34]

項羽が天下を二十の国に細分化する構想を示し得たのはその時点で項羽のもとに圧倒的な軍事力が集中しており その構想を実現する物理的な力を保有していたことを根拠とする。西楚支配域の広大さは分封実行時点で項羽が掌握していた軍事力の大きさを反映する。またともに滅秦を実現した将軍たちを王としたのは、項羽が分封の実行を宣言し得た根拠がその時点での項羽の下への圧倒的な軍事力の集中にあり、項羽軍団を構成する諸将の同意を得ることが分封実行の不可欠の条件だったことを示す。

そして分封対象の中に劉邦が含まれ、劉邦が分封された場所が関中・巴蜀地域だったことは、項羽の分封が懐王の命によるという建前を崩さない形で行われたことを意味していよう。項羽の対秦戦争に直接的には貢献しなかった既存の王たちの王位を維持したのも同様で、項羽は旧六国王権に対しては王位を保障し、懐王に対しては義帝と尊称することで、自らが天下を統一した王者ではないことを明示している。項羽は反秦軍団の領袖ではあったが、その立場は他の諸王に対して支配者として振る舞い得るようなものではなかった。

以上、項羽による分封は、懐王・楚政権を軽んじたが故の措置というよりも、項羽自身の自衛のための方策という面を強く持っていた。項羽は懐王直轄領と自らの領国を分離することによる懐王政権からの自立を志向した。

項羽にとっての喫緊の課題は、楚懐王政権内への帰還を避けることであり、そのためには独自の支配領域を獲得して王におさまることが要請されたのである。そしてその作業は項羽が圧倒的な軍事的実力を手中にしている間に遂行されなくてはならなかった。また項羽の立場は懐王やその他の諸王たち、対秦戦争過程で従った将軍たちに対して圧倒的な優位性を持つものでは必ずしもなく、項羽は懐王の命に従っての戦後処理という名目を守ることを余儀なくされた。劉邦の漢王位獲得は、以上のような項羽側の事情によって実現されたものである。

2 封建体制の解体

項羽の分封によって成立した体制は、二十人の王が国境線で二十に分割された各自の国を中央集権的に統治しているものと理解されるべきではない。二十国体制はほとんど機能する間もなく崩壊しており、そのなかには韓王成のように就国できなかった王や遼東王広の如く就国を拒んだ王も存在する。このような状況下では、実質的な統治体制を構築する余裕などほとんどの国にはなかったと見るべきである。また彭越集団や斉の田栄の如く、王として分封された者たちに匹敵する勢力を維持するとみられる自立的武装集団の存在も確認できる。

李開元は、項羽によって王者たるものの理念が一変させられたとして、項羽の分封から封王の理念を抽出し項羽の開始した王政を「軍功王政」と定義している。(35) しかし項羽はクーデターによって一時的に軍事的指揮権を掌握した者に過ぎず、分封も自らの王としての自立を主目的とした場当たり的な政策である。項羽に「理念」と呼びうるものがあったとすれば、それは旧七国領域を細分化し自らと滅秦の事業を共にした将軍たちに王位を与えること、そしてその中での相対的に大規模な支配領域の確保にとどまると考えなくてはならない。項羽政権とは、二十国体制下では相対的に有力な、しかし旧七国領域全体からすればごく限られた「西楚」という地域の支配権を有するのみの政権だった。そして分封された王たちは、項羽自身も含めて広域的な実効的支配など成し遂げる

余裕はなく、各国内部には王権が入り込むことのできない多くの空間が野放しになっていたのである。(36)

項羽の分封体制はごく短い期間で解体する。項羽が分封した諸侯は義帝元年四月に就国し、このことは項羽の下に結集していた軍団の中国全土への分散を意味した。諸侯就国後には項羽が直接掌握している軍団のサイズは六国連合軍を統括していた時点に比べて著しく縮小していたといってよい。諸侯就国は対秦戦争を勝ち抜いた巨大な軍団自体の消滅を意味したことになる。

項羽直属軍団の縮小は分封体制施行を可能とした物理的な力の消滅でもあった。諸侯就国後ほとんど機能する間もなくその体制は瓦解し始める。諸侯就国早々の五月には分封対象ではなかった田栄が軍事活動を開始し、斉は項羽の封建した三人の王が滅ぼされる形で統一されるに至る。燕も王の一人によって統一される。趙でも趙王歇が再びその座についた。このような中で項羽自身も韓王成を殺害している。項羽が細分化した二十国体制は、ごく短い期間で戦国七雄並立状態と類似したより大きな国々の並立体制に転化してゆく。

義帝が殺害されたのは秦楚之際月表によれば諸侯就国から半年後の義帝元年十月のことで、その時点ではすでに項羽の構築した体制は当初の形を維持できていない。義帝殺害は、項羽に対する諸侯の不信の原因というよりも、六国連合軍の解体による情勢の混乱にともなって発生した出来事とみるべきだろう。上述の如く、項羽は反秦軍団の将軍たちに対して支配者として振る舞い得るような存在ではそもそもなかった。ましてや六国連合軍を手中にしていない項羽は、ほとんどの王たちにとってもはや従属すべき対象ではなくなっていた。楚漢戦争期に項羽による軍事動員に従わない王が現れるのは、このような脈絡からすれば必然的だろう。

劉邦による関中統一は以上の動向と軌を一にするものである。劉邦は八月には雍王章邯らを攻め、旧秦に相当する地域をほぼ制圧し、東方進出を開始する。そのようなことが可能となったのは、既に項羽の直接掌握していた軍団が解体し、それまでに比べればかなり小規模化した軍事力が国々に分有される状況が生まれていたからである。項羽によって実行された戦国七雄体制細分化は、各国が保有する軍事力の小規模化でもあった。劉邦集団、すなわち漢の躍進は、項羽政権の方策によって発生した、圧倒的軍事力を保有する勢力の不在状況下でこそ可能となったのである。

おわりに

沛県周辺を制圧する孤立的武装集団として成立した劉邦集団は、配下の裏切りをきっかけに楚軍に合流し、いくつかの偶発的事象によって入秦の先駆けとなった。そして項羽の功績を低く見積もろうとする楚懐王の意志を根拠として、いわゆる懐王の約が特別な意味を有するものとして位置付け直され、そのことは項羽による分封の実行と劉邦の漢王位獲得に結びついた。懐王による約の強調は、楚の一将軍に過ぎなかった劉邦の政治的位置を大きく変えることになった。

また項羽の実行した分封は、天下統一の一形態などではなく、項羽政権自体の自立政策という性格が強い。項羽の分封は、自らの生き残りを主目的とし当座の情勢を乗り切るために選択された場当たり的な性格の強い政策と見るべきである。さらに項羽の分封による諸国細分化は、項羽軍団即ち六国連合軍の解体と諸国の軍事力の小規模化に帰結し、そのことは必ずしも傑出した軍事力の保有者ではなかった漢の他国進出を可能とした。項羽の分封こそが楚漢戦争期の戦乱を引き起こす大きなきっかけの一つとなったのである。

分封が実行された時点では、項羽は天下を実効的に支配していたわけではないし、劉邦も関中の一部を制圧しているに過ぎない。中国全土には旧六国王族を含めた多くの有力勢力が林立しており、この戦乱がどのような結果をもたらすか明確な展望を持つことは誰にとっても困難だった。ではそのような状況は、どのような過程を経て、どのような形の「統一」へと帰着するのだろうか。次章では、十八王分封による漢政権の成立から皇帝即位までの楚漢戦争期の政治的過程を検討する。

第五章　註

（1）西嶋定生「中国古代帝国形成の一考察―漢の高祖とその功臣―」（『中国古代帝国と東アジア世界』東京大学出版会、一九八三、一九四九初出）、守屋美都雄「漢の高祖集団について」（『中国古代の家族と国家』東洋史研究会、一九六八、一九五二初出）。

（2）増淵龍夫「漢代における民間秩序の構造と任侠的習俗」（『新版　中国古代の社会と国家』岩波書店、一九九六、一九五一初出）。

（3）夙に木村正雄は民衆反乱史的視点から劉邦集団を含む秦末漢初における反乱集団の網羅的な分析を行った（「秦末の諸叛乱―特に陳勝集団の性格と機能をめぐって―」『中国古代農民叛乱の研究』東京大学出版会、一九七九、一九七一初出）。八〇年代末以降は劉邦集団の質的変化過程、帝国形成過程を詳細に再構成するいくつかの試みがなされている。代表的な著作として、李開元『漢帝国の成立と劉邦集団』（汲古書院、二〇〇〇）、藤田勝久『項羽と劉邦の時代』（講談社選書メチエ、二〇〇六）、佐竹靖彦『劉邦』（中央公論新社、二〇〇五）等。また近年は、劉邦集団の内部構造に踏み込んだ議論も開始されている。代表的な成果として、松島隆真「漢王朝の成立―爵を手がかりに―」（『東洋史研究』六九―一、二〇一〇）、陳力「前漢初期都城の立地をめぐって―都城立地と政治の関係を中心に―」（大阪市立大学大学院文学研究科東洋史学専修研究室編『中国都市論の挑動』汲古書院、二〇一六）、楯身智志『前漢国家構造の研究』第二章（早稲田大学出版部、二〇一六）等。なお劉邦集団に関する研究動向については、松島隆真「「劉邦集団」と「郡国制」をめぐる問題―漢初政治史復元のために―」（『中国史学』二三、二〇一三）。

（4）木村正雄『中国古代農民叛乱の研究』一四〇頁、李開元『漢帝国の成立と劉邦集団』一三七頁。
（5）沛公初起。（秦楚之際月表、二世元年九月、漢）
（6）於是少年豪吏如蕭・曹・樊噲等皆為収沛子弟二三千人、攻胡陵・方与、還守豊。（高祖本紀）
撃胡陵・方与、破秦監軍。（秦楚之際月表、二世二年十月、漢）
（7）将撃胡陵・方与、攻秦監公軍、大破之。東下薛、撃泗水守軍薛郭西。復攻胡陵、取之。徙守方与。（曹相国世家）
（8）魏地已定、欲相与立周市為魏王。周市不肯。使者五反、陳王乃立甯陵君咎為魏王、遣之国。周市卒為相。（陳渉世家）
（9）咎自陳帰、立。（秦楚之際月表、二世二年十二月、魏）
周市東略地豊沛間。（秦楚之際月表、二世二年十一月、漢）
（10）雍歯叛沛公、以豊降魏。沛公還攻豊、不能下。（秦楚之際月表、二世二年十二月、漢）
武臣始至邯鄲、自立為趙王、始。（秦楚之際月表、二世元年八月、趙）
（田）儋之起、殺狄令自王。（秦楚之際月表、二世二年十月、斉）
韓広為趙略地至薊、自立為燕王始。（秦楚之際月表、二世元年九月、燕）
（魏）咎自陳帰、立。（秦楚之際月表、二世二年十二月、魏）
（11）沛公怨雍歯与豊子弟叛之、聞東陽甯君・秦嘉立景駒為假王在留、乃往従之、欲請兵以攻豊。是時秦将章邯従陳、別將司馬尼将兵北定楚地、屠相、至碭。東陽甯君・沛公引兵西、与戦蕭西、不利。還収兵聚留、引兵攻碭、三日乃取碭。因収碭兵、得五六千人。攻下邑、抜之。還軍豊。（高祖本紀）
沛公聞景駒王在留、往従、与撃秦軍碭西。（秦楚之際月表、二世二年端月、漢）
攻下碭、収得兵六千、与故凡九千人。（秦楚之際月表、二世二年二月、漢）
（12）攻抜下邑、遂撃豊、豊不抜。聞項梁兵衆、往請撃豊。（秦楚之際月表、二世二年三月、漢）
（13）（沛公）聞項梁在薛、従騎百余往見之。項梁益沛公卒五千人、五大夫将十人。沛公還、引兵攻豊。（高祖本紀）
（14）沛公如薛見項梁、梁益沛公卒五千、撃豊、抜之。雍歯奔魏。（秦楚之際月表、二世二年四月、漢）

（15）梁撃殺景駒・秦嘉、遂入薛、兵五十余万衆。（秦楚之際月表、二世二年四月、項）

（16）梁求楚懐王孫、得之民間、立為楚王。（秦楚之際月表、二世二年六月、項）

（17）楚懐王始、都盱台、故懐王孫、梁立之。（秦楚之際月表、二世二年六月、楚）

（18）沛公如薛、共立楚懐王。（秦楚之際月表、二世二年六月、漢）

（19）陳王初立時、陵人秦嘉、銍人董緤、符離人朱雞石、取慮人鄭布、徐人丁疾等皆特起、将兵囲東海主慶於郯。……秦嘉等聞陳王軍破出走、乃立景駒為楚王。（陳渉世家）

（20）松島隆真は劉邦を魏人とみなすべきとし、魏人を中心とした軍勢を率いて楚の一翼を占め秦の故地において王朝を立てた、地域的要素の希薄なものとする（「漢王朝の成立―爵を手がかりに―」五頁、二一頁）。劉邦集団が持つ特質の一つは、政治的・文化的な交界地域から発生し移動を繰り返したため明確な地域性を有していなかった点に求められよう（本書五四頁）。のちの劉邦集団における楚爵から秦爵への転換も、楚制へのこだわりのなさという文脈から読み解き得るかもしれない。なお劉邦集団構成員の多様性については太田麻衣子「越の淮北進出とその滅亡―「劉邦集団＝楚人」説再検討のために―」（『古代文化』六四―Ⅱ、二〇一二）でも言及されている。

（19）たとえば、陳平は項羽らのもとを離れて劉邦の臣下となった理由として、項羽が他者を信頼できずすぐれた人物を重用する能力に欠けていること、それに対して劉邦には大いに人を用いる人物との評判があったことを挙げている（陳丞相世家）。また高起・王陵は、項羽が賢者能者に嫉妬し他者の功績を認めず他者に利を分け与えることもできなかった、それに対して劉邦は他者と利を共にした、と評している（高祖本紀）。

（20）李開元は懐王の約について「秦国の処置問題について、明確な方針を示し、それにより将来の政治予想図を描いたのである。この計画では、秦を滅して後、現状の王政復興と天下の七国の政局は継続して維持されることになり、秦国は保留され、秦王は置き換えられることとなる。その置き換えの方法は、最初に関中に攻め入った反秦軍の将軍に与えるという公約をかけるというものであった」と述べる（『漢帝国の成立と劉邦集団』一四六頁）。楚懐王の有した天下像が七国並立の政局の継続だったことを指摘する示唆的な理解と思われる。ただしこの約にあまりに重い政治的意味を付与するのは後にそれが劉邦の大義名分として機能したことからの結果論だろう。約が交付された時点の楚はまだ旧六国連合軍の盟主などではなく、滅秦後の天下像を「公約」するのはあまりにも先走った行動である。またこの約が重大な公約であるとすれば、劉邦のみに特権的にチャンスを与えるような軍事的配置はそもそも成立し難いことになるだろう。

(21) 同盟者等を王に擁立することで流動化・不安定化した地域秩序の安定化・再構築をはかり政治的状況の改善を目論むことが秦末楚漢期の有力者にとって目前の政治的課題となっていたこと、及び懐王の約も有力者による王擁立の普遍性という文脈の中で理解し得ることについては、柴田昇「最初期漢王朝の一性格」(『愛知江南短期大学紀要』四六、二〇一七)一一～一四頁。

(22) 松島隆真は発布時点での約について、「諸将を糾合するために敢えて提示した非現実的な長期目標」で、その「当面の役割は、救趙戦に先立ってあらためて秦と戦う姿勢を示すことで、指導者たる項梁を喪って以降も楚の統合を崩さないことであった」とする。松島隆真「鉅鹿の戦いとその歴史的意義―「懐王の約」をめぐる項羽と劉邦―」(『中国古代史論叢　第九集』立命館東洋史学会、二〇一七)九二頁。なお懐王の約の性格と劉邦の役割については、佐竹晴彦『劉邦』二七六～二八二頁に先駆的な言及がある。

(23) 得彭越軍昌邑、襲陳留。用酈食其策、軍得積粟。(秦楚之際月表、二世三年二月、漢)

(24) 攻開封、破秦将楊熊、熊走滎陽、秦斬熊以徇。(秦楚之際月表、二世三年三月、漢)

(25) 南戦雒陽東、軍不利、還至陽城、收軍中馬騎、与南陽守齮戦犨東、破之。略南陽郡、南陽守齮走、保城守宛。(高祖本紀)攻南陽守齮、破之陽城郭東。(秦楚之際月表、二世三年六月、漢)

(26) ……於是沛公乃夜引兵従他道還、更旗幟、黎明、囲宛城三帀。南陽守欲自剄。其舎人陳恢曰、死未晩也。乃踰城見沛公、曰、臣聞足下約、先入咸陽者王之。今足下留守宛。宛、大郡之都也、連城城十、人民衆、積蓄多、吏人自以為降必死、故皆堅守乗城。今足下尽日止攻、士死傷者必多。引兵去宛、宛必随足下後。足下前則失咸陽之約、後又有強宛之患。為足下計、莫若約降、封其守、因使止守、引其甲卒与之西。諸城未下者、聞声争開門而待、足下通行無所累。沛公曰、善。乃以宛守為殷侯、封陳恢千戸。引兵西、無不下者。(高祖本紀)

(27) 降下南陽、封其守齮。（秦楚之際月表、二世三年七月、漢）
攻下嶢及藍田。以留侯策、不戦皆降。（秦楚之際月表、二世三年九月、漢）
趙高殺二世。（秦楚之際月表、二世三年八月、秦）
子嬰為王。（秦楚之際月表、二世三年九月、秦）

(28) 及趙高已殺二世、使人來、欲約分王関中。沛公以為詐、乃用張良計、使酈生・陸賈往説秦将、啗以利、因襲攻武関、破之。
……諸所過毋得掠鹵、秦人憙、秦軍解、因大破之。又戦其北、大破之。乗勝、遂破之。（高祖本紀）

(29) 秦王子嬰降。沛公入破咸陽、平秦、還軍覇上、待諸侯約。（秦楚之際月表、漢元年、漢）
子嬰為秦王四十六日、楚将沛公破秦軍入武関、遂至覇上、使人約降子嬰。子嬰即係頸以組、白馬素車、奉天子璽符、降軹道旁。（秦始皇本紀）

(30) 斉将田都叛栄、往助項羽救趙。（秦楚之際月表、二世三年十月、斉）
使将臧荼救趙。（秦楚之際月表、二世三年十二月、燕）

(31) 故斉王建孫田安下濟北、従項羽救趙。（秦楚之際月表、二世三年十二月、斉）
（魏）豹救趙。（秦楚之際月表、二世三年十二月、魏）

(32) 大破秦軍鉅鹿下、諸侯将皆属項羽。（秦楚之際月表、二世三年十二月、項）

(33) 召諸県父老豪傑曰、……吾与諸侯約、先入関者王之、吾當王関中。（高祖本紀）

(34) 項羽本紀には「項羽自立為西楚覇王、王九郡、都彭城」と、高祖本紀には「王梁・楚地九郡、都彭城」とある。ここでいう「九郡」の具体的な内容については諸説ある。徐華「秦漢西楚地域範囲考辨」（曹秀明・岳慶平主編『項羽研究（第一輯）』鳳凰出版社、二〇一二）参照。

(35) 「項羽は王政復古の原則を否定し、旧六国の王権世襲の正当性を認めなかったのである。彼は陳勝によって創始された、功により王と称する原則を引き継ぐ一方で、六国を復活させるという徳の点を捨て去った。言い換えれば、項羽が王に封じる原則はただ軍功にあったのである。……項羽の封王の理念は、血縁世襲の貴族王政の原則を否定し、平民王政の軍功原則を取り入れたことである。彼は戦国七国を復活する復国運動に対して否定的な立場を取っているのである。したがって、筆者は項羽によって創始された王政を軍功王政と称することにする」(李開元『漢帝国の成立と劉邦集団』九七〜九八頁)。

(36) 本書第一章。

第六章　楚漢戦争の展開過程とその帰結

はじめに

本書では、『史記』の性格とそれが描き出している秦末期の政治的過程に関わるいくつかの論点について検討してきた。そしてその中で、『史記』が項羽と劉邦を対照的な存在として描こうとする傾向を有しており、そこに見出される歴史像が、漢王朝の成立とその長期的継続という結果から遡及的に構築された、ある種の強いバイアスのかかったものであることを述べた。また陳勝集団・項羽集団・劉邦集団の分析を行い、秦末中国の支配体制が政治権力の入り込めない膨大な空間とふとしたきっかけで反体制的行動をとり始める膨大な人々を抱えつつ成り立つ粗放な面を持つものであったこと、項羽政権は諸侯に対して王者として君臨するような性格のものではなかったこと、劉邦集団の関中制圧もいくつかの突発的な政治的事象によって実現されたもので必然的な結果と見るべきではないこと等を論じた。伝世文献史料が伝える秦末期～楚漢戦争期の歴史は、項羽と劉邦を主役化する基本的なモチーフに従って漢代以降に再構成されたものと考えなくてはならない。

本章は、項羽と劉邦の覇権闘争過程という通念的歴史像に距離を置いて楚漢戦争を叙述することを第一の課題とする。そしてしばしばなされる、項羽の天下統一はなぜ失敗したのか、なぜ劉邦集団が天下統一をなし得たのかという問題設定を、そもそも特別な軍事的卓越性を有していなかった劉邦集団程度の人々が天下統一の主体となり得るような政治的環境とはどのようなものだったのかという問いに読み替えることで、楚漢戦争期の歴史的展開過程に関する再検討を試みたい。なお本章においては、項羽の分封による十八王の就国（漢元年四月）から漢高祖の即位（漢五年二月）直前までを「楚漢戦争期」と称する。(1)

第一節　地域の動きと彭城の戦い直前の情勢

項羽の分封によって成立した二十国並立の体制はごく短い期間で崩れてゆく。その直接的な原因は、項羽分封を可能とした根拠自体の消滅にあった。分封の実行による諸侯就国は、項羽のもとに結集していた六国連合軍が各地に分散することを意味した。その結果、項羽が直接指揮し得る軍団は対秦戦争期に比べて著しく縮小することになった。

諸侯就国によって発生した現象はそれだけではない。項羽は戦国七国をさらに分割して中国全土を二十の国に細分化した。そのことは、軍事力の規模からみれば、各国が保有する軍事力の小規模化を意味する。二十国並立体制とは、従来の半分程度あるいはそれ以下に縮小された軍団が国々に分有される体制でもあった。換言すれば、この体制が発動することによって中国には、圧倒的軍事力を保有する勢力の不在状況が生まれ、そのことが各地での新たな紛争の発生に結びついていったのである。

二十国並立体制は十全に機能する時期をほとんど持たないままに解体してゆく。本節ではまず彭城の戦い直前までの情勢を地域ごとに確認しておこう。

1　斉

楚漢戦争最初期に分封体制崩壊の先鞭をつけたのが斉・田栄である。斉は斉・膠東・済北の三国に分割された。[2]これに対して、分封対象から外された田栄は、諸侯就国早々の漢元年五月には軍事行動を開始、斉王田都の就国を阻止し、田都は楚に逃れた。[3]田市は膠東に就国したが、田栄の追撃により六月には即墨で殺害された。[4]田栄は、六月には斉王を称し、七月には済北王田安を破り三斉統一を実現している。[5]

そして田栄の軍事行動は斉以外の諸国における武装集団の動きと深くかかわっていた。『史記』の記事は、田栄がこの時期の国際情勢におけるキーパーソンだったことを伝える。趙に対しては、三斉統一以前から田栄は陳余に兵を送って趙での軍事行動を支援している。(6) また、項羽本紀には「栄与彭越将軍印、令反梁地」との記事が見え、魏豹彭越列伝には次の記事が見える。

項羽は入関し、諸侯を王とし楚に帰還したが、彭越の万余の集団は属するところがなかった。漢元年秋、斉王田栄が項羽と対立し、使者を送って彭越に将軍印を授け、済陰から下って楚を攻めさせた。楚は蕭公角に彭越を撃たせたが、彭越は大いに楚軍を破った。

項籍入関、王諸侯、還帰、彭越衆万余人毋所属。漢元年秋、斉王田栄畔項王、漢乃使人賜彭越将軍印、使下済陰以撃楚。楚命蕭公角将兵撃越、越大破楚軍。(7)

これによれば、項羽分封の際にも特に属するところなく自立的な立場を維持していた彭越軍が反楚的な軍事活動を開始したのは田栄の後押しによるものだったことになる。

田栄の三斉統一が実現すると、ようやく項羽は斉への軍事介入を開始する。

漢二年冬、項羽は遂に北進して城陽に至り、田栄は軍を率いてこれと戦った。田栄は敗れ、平原に敗走し、平原の民に殺害された。項羽は北進して斉の城郭家屋を焼き払い、田栄の降卒を穴埋めにして殺し、老弱婦女を虜囚とした。斉を従えて北海に至り、各地で破壊・虐殺を行った。斉人は各地で徒党を組んでこれに反抗した。そして田栄の弟の田横は斉の亡卒数万人を集め、城陽で反攻を開始した。項羽はそのため斉にとどまったが、田横を下すことはできなかった。

漢之二年冬、項羽遂北至城陽、田栄亦将兵会戦。田栄不勝、走至平原、平原民殺之。遂北焼夷斉城郭室屋、皆阬田栄降卒、係虜其老弱婦女。徇斉至北海、多所残滅。斉人相聚而叛之。於是田栄弟田横収斉亡卒得数万人、反城陽。項王因留、連戦未能下。（項羽本紀）

項羽は漢二年正月には田栄を破り[8]、田仮を再び斉王に立てる[9]。しかし項羽は斉人に対して厳しく抑圧する方針を採ったため、斉人は各地で抵抗運動を起こし紛争を頻発させる。そしてその中でも、田栄の弟の田横は斉兵数万を結集し反楚戦を展開した[10]。

この期間、項羽軍団は斉に対する軍事活動に忙殺されていたが、漢の彭城進出により、一旦対斉戦争を放棄し漢との直接抗争に力を注がざるを得なくなってゆく[11]。その結果、田横は斉の諸城邑を回復、田栄の子の田広を斉王に立てることになり[12]、以後数年にわたって斉の自立性が維持される。斉が彭城の戦い直前の漢二年三月の時点で西楚と対立する立場にあったことは明らかである。

2　韓・魏

旧韓地域は楚漢戦争初期に重要な争点の一つになった。項羽は旧韓領域を韓・河南の二国に分割、従来の韓王成をそのまま韓王にし、「張耳の嬖臣」申陽を河南王とした。しかし項羽は漢元年四月の諸侯就国時にも韓王成のみは就国させず、彭城まで同行させた上で侯におとし、最終的には殺害するに至った[13]。韓王成殺害をきっかけに、張良は漢に身を寄せた。『史記』は、項羽が韓王成殺害後の漢元年八月に鄭昌を韓王に立てたのは[14]、漢の東方進出を警戒して旧韓地域を自らに近い勢力で固めることを目論んだものと評している[15]。

この時期までの項羽の関心は三晋南部に集中していたようで、斉等それ以外の地域の紛争に対して本格的に介入した形跡がほとんど見出せないが、田栄の三斉統一を契機に項羽軍は対斉戦にその関心を移す。そしてそれと入れ替わるように関中を制圧した漢軍が旧韓地域への侵攻を開始する。

漢二年、韓大尉信は韓の十余城を攻略、平定した。漢王は河南に至り、韓大尉信は韓王昌を陽城に撃った。昌は漢に降り、漢王はそこで韓大尉信を韓王とし、韓王信は常に韓軍を率いて漢に従った。

漢二年、韓信略定韓十余城。漢王至河南、韓信急撃韓王昌陽城。昌降、漢王迺立韓信為韓王、常将韓兵従。（韓信盧綰列伝）[16]

漢元年八月には三秦地域の諸王を撃った漢は、漢元年末～二年初頭に韓王昌を破り、漢二年十一月には韓王信が立った[17]。同年同月には河南王申陽も漢に降っている[18]。

旧魏も項羽分封時に西魏と殷の二国に分割された。魏豹は陳勝政権期に魏王となった魏咎の弟で、項羽に従って入関した武将の一人である。項羽は分封時に魏豹を河東に移動させ、殷王司馬卬を封じた。しかし、

項羽は諸侯を封じた際に、梁の地を自ら領有することを望み、魏王豹を河東に徙し、平陽を都とし、西魏王とした。

項羽封諸侯、欲有梁地、乃徙魏王豹於河東、都平陽、為西魏王。（魏豹彭越列伝）

とあるように、旧魏領域のうち梁とその周辺地域は項羽の直轄領とされたため、西魏・殷は旧魏領域全体からす

ればごく限られた地域に過ぎず、この地域では不安定な情勢が続いた[19]。陳丞相世家には次のような記事がある。

項羽が東に移動し彭城に王として立つと、漢王は漢中から戻り三秦を平定して東進し、殷王も楚に背いた。項羽は陳平を信武君として、魏王咎の客で楚に居た者たちを率いさせ、陳平は殷王を降伏させて帰還した。

項羽之東王彭城之地、漢王還定三秦而東、殷王反楚。項羽乃以平為信武君、将魏王咎客在楚者以往、撃降殷王而還。

漢の三秦平定と前後する時期に殷王司馬卬は楚に叛いている。この動きが漢と呼応したものかどうかははっきりしない。殷王司馬卬は項羽に派遣された陳平によって帰順させられているが、この殷王を漢は漢二年三月に撃ち、翌月には河内郡を置いた[20]。この時陳平は項羽の怒りを恐れて楚軍から逃れ漢に降ったという[21]。陳平は、自らが帰順させた殷が容易に漢に降ったことに対する項羽による責任追及を恐れたものと思われる。さらに同じく漢二年三月には魏王豹も漢に降っている[22]。

斉・田栄より将軍印を与えられていた彭越集団が漢との関係を強め始めたのは、旧魏の二王が漢に降ってきたこの時期以降のことと見られる。漢が東方の楚域に接する地域に進出した頃のことを、魏豹彭越列伝は次のように記している。

漢王の二年春、魏王豹や諸侯とともに漢は東に進み楚を攻めた。彭越も三万余の兵を率いて外黄で漢軍に合流した。漢王は言った。「彭将軍は魏地の十余城を得、早く魏の後を立てることを望んでいる。西魏王豹は魏王咎の従弟であり、まさに魏の子孫である」。そして彭越を拝して魏の相国とし、彭越は魏兵を恣に使って梁地を攻略平定した。

漢王二年春、与魏王豹及諸侯東撃楚、彭越将其兵三万余人帰漢於外黄。漢王曰、彭将軍収魏地得十余城、欲急立魏後。今西魏王豹亦魏王咎従弟也、真魏後。乃拝彭越為魏相国、擅将其兵、略定梁地。

これによれば、漢王の意見によって魏豹は魏王位に就き、彭越も魏の相国となった。漢の影響力は漢二年三月の段階で三晋地域南部全域に及んでいる。

3 趙・燕

それでは三晋地域北部の動向はどうなっていただろうか。趙は常山・代の二国に分割された。

張耳が就国すると、陳余はいよいよ怒り「張耳と私の功績は同等なのに、張耳は王、私だけが侯なのは、項羽の不公平である」といった。斉王田栄が楚に反旗を翻すと、陳余は夏説を使者として田栄に送り、「項羽は天下を主宰するに不公平で、王とした諸将を尽く善地に封じ、もとの王たちは悪地に移し、そのため趙王はいま代におります。どうか私に兵を与え、南皮を藩屏としてください」と伝えた。田栄は自らの協力者を趙において楚に対抗させようとし、兵を陳余に与えた。陳余は三県の兵を動員して常山王張耳を襲撃した。

張耳之国、陳余愈益怒、曰、張耳与余功等也、今張耳王、余独侯、此項羽不平。及斉王田栄畔楚、陳余乃使夏説説田栄曰、項羽為天下宰不平、尽王諸将善地、徙故王王悪地、今趙王乃居代。願王仮臣兵、請以南皮為扞蔽。田栄欲樹党於趙以反楚、乃遣兵従陳余。陳余因悉三県兵襲常山王張耳。(張耳陳余列伝)

張耳は項羽に従って入関し、その功績により常山王となっていた。これに不満を抱いた陳余は斉王の田栄に支援を依頼し、兵を借り受けて張耳を破り、張耳は漢を頼った。(23)

陳余は張耳を破ると趙地を全て回復し、趙王を代より迎えて再び趙王とした。趙王は陳余を徳ありとし、代王に立てた。陳余は趙王が弱小で、国が平定されたばかりなのをみて、就国せず趙にとどまり趙王を補佐し、夏説を相国として代を守らせた。

陳余已敗張耳、皆復収趙地、迎趙王於代、復為趙王。趙王徳陳余、立以為代王。陳余為趙王弱、国初定、不之国、留傅趙王、而使夏説以相国守代。(張耳陳余列伝)

陳余は項羽によって代王とされていた趙王歇を再び趙王に迎え、それに対して趙王歇は陳余を代王とした。(24)しかし陳余自身は代に行かず、趙に残って王を補佐したという。この記事は趙・代二国においては陳余の圧倒的な影響力のもとでほぼ一体の統治体制が施行されたことを伝えるものだろう。旧趙地域においては漢元年末〜二年初頭段階には項羽・西楚の影響力を排した独自の体制構築が開始されており、少なくとも諸侯就国から半年程度の間に旧趙地域に対する項羽の影響力は完全に排除されている。

なお、さらに北の旧燕領域は燕・遼東の二国に分割されたが、旧燕王韓広は遼東への移動を拒否した。

燕将臧荼は燕王となり、薊を都とされた。もとの燕王韓広は移されて遼東王とされた。しかし韓広は従わず、臧荼は韓広を無終で攻め殺した。

燕将臧荼為燕王、都薊。故燕王韓広徙王遼東。広不聴、臧荼攻殺之無終(高祖本紀)。

臧荼は漢元年八月には韓広を滅ぼし、燕統一を実現させている。(25)そもそも項羽の方針は旧燕地域では一時的にすら貫徹していない。詳細は不明ながら、北方旧燕地域に対する項羽の影響力も遅くとも漢元年末には失われていると考えてよい。

4 旧秦

旧秦地域は雍・塞・翟・漢の四王に分割された。漢元年四月の就国時、劉邦は張良の策に従って桟道を焼き、東方進出の野心を持っていないことを項羽に示したという。(26)しかし漢は就国後まもなく他の旧秦三国への侵攻を開始する。高祖本紀には次の記事が見える。

八月、漢王は韓信の計を用いて、故道から三秦に戻り雍王章邯を襲撃した。章邯は漢軍を陳倉で迎撃したが、雍軍は敗れ、退却した。雍軍は好時にとどまって戦ったが、再び敗れ、廃丘に退いた。漢王は遂に雍の地を平定した。東進して咸陽に至り、兵を分けて雍王を廃丘で包囲し、諸将を遣わして隴西・北地・上郡を攻略・平定した。さらに将軍薛欧・王吸に命じて武関を出て、南陽の王陵軍の援助を受けつつ、太公・呂后を沛から迎えさせた。

八月、漢王用韓信之計、従故道還、襲雍王章邯。邯迎撃漢陳倉、雍兵敗、還走。止戦好時、又復敗、走廃丘。漢王遂定雍地。東至咸陽、引兵囲雍王廃丘、而遣諸将略定隴西・北地・上郡。令将軍薛欧・王吸出武関、因王陵兵南陽、以迎太公・呂后於沛。

また秦楚之際月表では、

邯守廃丘、漢囲之。（秦楚之際月表・漢元年八月・雍）

欣降漢、国除。（秦楚之際月表・漢元年八月・塞）

翳降漢、国除。（秦楚之際月表・漢元年八月・翟）

とされており、これらによれば、漢元年八月には旧秦地域の大方は漢の勢力圏に入っている。(27) また漢軍の一部の部隊はすでに関中の外部に進出している。

二年に入ると漢王自身が旧秦領域を出て東方に進出を開始する。既に旧秦地域は、雍王章邯の抵抗が続いているものの、ほとんどが漢によって制圧されていた。その時期の動向を高祖本紀は次のように記す。

二年、漢王は東方進出して各地を攻略し、塞王欣・翟王翳・河南王申陽はみな降った。韓王昌は従わなかったので、韓信にこれを撃破させた。そして隴西・北地・上郡・渭南・河上・中地郡を置いた。関外には河南郡を置いた。さらに韓太尉信を立て韓王とした。諸将の万人を率いてあるいは一郡を率いて降る者は、万戸侯に封じた。

二年、漢王東略地、塞王欣・翟王翳・河南王申陽皆降。韓王昌不聴、使韓信撃破之。於是置隴西・北地・上郡・渭南・河上・中地郡。関外置河南郡。更立韓太尉信為韓王。諸将以万人若以一郡降者、封万戸。

漢はごく短い期間で旧韓領域を制圧する。すでに引いた秦楚之際月表によれば、二年十一月には河南が漢の郡となり、同月には漢の後押しで韓王信が立った。二年三月には西魏・殷が降り、旧魏領域も漢によって制圧され、魏王豹が立つことになった。そして二年四月には漢は「五諸侯」連合軍として彭城に入っている。

上述の如く、漢は分封初期から東方進出を明確な課題として三秦・三晋南部地域への侵攻を展開している。『史記』に立伝される漢の功臣たちはほとんどが「還定三秦」に参加した者どもであり、この時関中全域を制圧し支配下においたことが以後の漢王権にとって画期となる事業と意味付けられたことを示唆する。雍王の抵抗が完全に終息する前に旧韓進出を開始したことは、東方進出が当時の漢にとって最優先の課題と位置づけられていたことを意味するだろう。

なお劉邦が義帝のかたき討ちを自らの正当性の証としたことはしばしば指摘されるが、漢の三秦侵攻自体は義帝殺害以前に始まっている。高祖本紀には漢二年三月に漢王は義帝の死を知ったとの記事があり、これに従うならば三晋侵攻開始時でもその情報は劉邦に届いていないことになる。漢の三秦・三晋地域侵攻は義帝殺害とは本来全く無関係に開始されたものと見なくてはならない。

5　楚の諸王（1）

項羽の分封において戦国楚の領域は以下の五王の国に再編された。

黥布：九江王（都六）
鄱君呉芮：衡山王（都邾）
義帝柱国共敖：臨江王（都江陵）
項羽：西楚覇王（都彭城）
楚懐王：義帝（都江南郴）

この中で臨江王共敖は、義帝殺害に関与したことを除いてこの時期に目立った記録が見出せない。臨江王共敖に関しては項羽陣営に属したと考えられる場合が多いが、(28) 決め手はない。共敖支配域を項羽の勢力圏と見るには楚漢戦争期における臨江王共敖の存在感は非常に希薄で、また項羽陣営の一部として戦闘に参加した形跡が見出し難いのは解せない。臨江王共敖は項羽政権のシンパでありつつ基本的には中立的・自立的な立場をとり続けており楚漢戦争の動向に直接的には関係しなかったと考えておきたい。

また衡山王呉芮に関しても義帝殺害に関与したことを除いて楚漢戦争期には目立った動きが記録されていない。呉芮は九江王黥布の義理の父にあたるが、項羽と黥布の間で戦闘が始まってもそこに呉芮が参戦した記録は見出すことができない。漢王朝成立後も呉芮の王位は維持されており、呉芮が積極的に項羽に協力していたとは考えにくい。しかし呉芮が漢側に立って西楚と戦ったことを示す記録は皆無である。『漢書』高帝紀によれば項羽との間に何らかの戦闘があり支配領域が侵されたこともあったようだが、(29)詳細は明らかにし難い。また呉芮の将である梅鋗は対秦戦争期から劉邦と行動を共にしていた。そしてそのことが漢初期における呉芮の王位維持につながっていることを想起するならば、(30)呉芮はこの時期には、項羽とある程度の距離をとり中立的な立場を保ちつつ、漢とも友好的関係にあったことが推測されよう。(31)

旧楚域の王の中で反項羽的と解し得る動きが記録されているのは九江王黥布である。黥布は対秦戦争期以来項羽と行動を共にしてきた盟友的存在で、項羽の意志による義帝殺害の実行者とする記事もある。しかし、田栄による三斉統一に対して対斉戦争開始のために項羽が黥布に出兵を請うた際、黥布は病と称して参戦を拒み兵数千人を派遣したにとどまったという。(32)このとき黥布が出兵を拒んだこと、またこの時の項羽が黥布以外に出兵を命じた記事が見出せないことは、項羽政権が周辺の諸国に対してそもそも強固な規制力を有しておらず、ましてや軍事動員を一方的に強要できるような存在ではなかったことを示唆する。(33)項羽にとっては、黥布くらいしか動員し得る可能性のある対象がおらず、しかもその黥布にも距離を置かれたのである。(34)そして彭城の戦いの後、項羽と黥布は敵対関係となり、項羽配下の龍且に敗れた黥布は漢に身を寄せることになる。

6 楚の諸王（2）

注目されることは少ないが、項羽は楚域の南方に義帝直轄領を設定しているようである。そして項羽は、義帝を長沙の郴県に移し、さらに楚域の王たちに命じて義帝を殺害させたというのである[35]。

義帝殺害の実行者に関しては、項羽本紀・高祖本紀では「衡山王・臨江王」を挙げ、黥布列伝では「九江王布等」に命じられたこととする。このように明記されている以上、楚域の三王は何らかの形で義帝殺害に関与しているとみるべきだろう。詳細は不明だが、ここでは衡山王・臨江王ら楚域の王たちが義帝殺害に動員され、最終的に追撃・殺害を実行した軍が九江王黥布の配下だったものと解しておきたい。

具体的時期については秦楚之際月表の漢二年十月の項に「項羽滅義帝」とある。この時期までには田栄による三斉の統一、漢による三秦制圧、臧荼による旧燕統一がほとんど実現しており、項羽の分封体制は原型をとどめていない。義帝殺害は諸王による反項羽的軍事活動が発生した原因となった事件ではなく、既に発生していた深刻な政治的混乱の中での出来事と見るべきである。

それではどのような政治的混乱が義帝殺害に結び付いたのか。これに関して筆者は、義帝配下集団による項羽政権に対する抵抗戦が展開された可能性を想定したい。高祖本紀に「趣義帝行、群臣稍倍叛之」、項羽本紀に「趣義帝行、其群臣稍稍背叛之」とある記事は、通常「義帝を見限って臣下たちが背き離れていった」意に解される[36]。しかし多くの臣下に見放され僻地に遷されるのみの無力な旧主を、楚域の王を動員してまで殺害する必要が項羽にあっただろうか。この記事の背景には、義帝のもとから離脱していった者どもの存在と同時に、長沙に遷されることになった義帝直属の勢力がようやく西楚の意向に反する反項羽的な動きを示し始めた事態を想定する必要があるのではないか。そしてそのような抵抗運動を抑圧するために楚域の王たちは項羽に協力して軍事動員に応じたものと考えられよう。

このような推測が成り立つとすれば、義帝を支持する楚人グループが存在し、その動きに対応するために複数の国から軍が動員されていることになり、義帝及び義帝政権直属グループが項羽の思うままにされ続けるしかないような無力な存在ではなかった可能性が出てくる。これらの記事は、義帝＝懐王政権直属グループがある程度の軍事力を保有していたこと、そしてそれが楚域南部を拠点として項羽直轄軍の縮小に乗じた抵抗戦を開始しようとしていたことを示唆するものなのではないだろうか。そうだとすれば、項羽は楚域諸王の軍を動員しての義帝殺害という強引な手段によらなければ義帝政権直属グループの抵抗運動を抑止できなかったことになる[37]。旧楚域内部でもまた、楚漢戦争初期から紛争が続いていたと考えられるのである。

ここまで見てきたように楚漢戦争初期の楚域諸国は項羽の下で一枚岩に結集していたとは考え難い。滅秦後、懐王政権からの自立を目論んだ項羽は、十八王の分封を強行することで懐王政権を直轄領内に封じ込め、項羽政権としての自立性を確保しようとした。項羽の西楚は九郡を支配領域とする、二十国中においては相対的に最有力の国だった。しかし分封実行後数カ月のうちに諸国領域は再編成され、また楚域諸国に対する項羽政権の規制力も限定的なものにとどまっていた。換言すれば、項羽政権は分封実行当初より一貫してかなり孤立性の高い勢力として存在したのである。

十八王封建体制施行後の西楚は、まず韓王成を殺害し韓王昌を置いた。続いて田栄による三斉統一に対して斉に出兵し、田栄を破った。この時項羽は九江王黥布に出兵を要請したが、黥布は病と称して少数の兵を出すにとどまったことは前述の通りである。田栄を破った項羽は、斉の城郭を焼き、兵士を穴埋めにし、老弱婦女を虜囚としたという。このような動きは斉の動向が楚域の有力者にとって一貫して大きな影響を及ぼし続けてきたことの反映だろう。項羽にとって斉は叩けるときに徹底的に叩いておくべき存在と考えられた。しかしその結果、斉人は田栄の弟である田横のもとに結集し、西楚軍に対する抵抗戦を繰り広げてゆく。漢二年四月、漢が彭城に入ると項羽は斉攻略を断念し、彭城に兵を返し、漢を中心とする五諸侯連合軍に対峙することになる。

7　小結―楚漢戦争初期における諸国の特質

ここまで検討してきた楚漢戦争初期の諸国の特質を整理しておこう。項羽の構想した十八王封建体制が実際に十全に施行された期間はほとんどない。諸侯就国早々に斉の三王が滅ぼされ、遼東王広の如くそもそも就国を拒否した王もいることを踏まえれば、項羽の分封が十全な形で実現した時期は全くなかったと言ってもよいかもしれない。そして諸王就国から半年後にはこの体制は全く原型をとどめない状態になっている。このような実質的に機能した期間がほとんどない体制を、秦の全土郡県化政策や漢のいわゆる「郡国制」と並ぶ「支配体制」と見るのは、過大評価と言わざるを得ない。項羽の分封とは、軍事力の集中を根拠とする諸国細分化の強行によって自らの支配領域を確保することを主目的とした、場当たり的な策以上のものではないと考えるべきだろう。

分封体制解体の動きは、基本的には戦国七雄並立体制の回復運動として展開した。項羽により細分化された国々の多くがごく短い期間に再統一を目指して動き始め、それは斉・燕・秦（漢）で実現する。旧趙領域は代・趙の二国が継続するが、この地域では陳余によって二国がほぼ一体となった領域経営が行われたようである。韓・魏に関しても戦国期の領域とは必ずしも一致しないが、韓王・魏王が擁立されている。

楚域以外に位置するこれらの国々の中で、漢の見せる侵略的傾向は際立っている。他の国々は細分化された自国領域の再統合と王位の回復を主課題としているようで、主体的に領域外に打って出る動きをあまり見せない。軍事行動も他の有力勢力の呼びかけに応じて動く、もしくは他地域への支援・援兵を行うのが通例で、他国への侵攻・征服戦争を目的としたとみられる大規模な軍事行動は見出し難い。

これに対して漢は、遅くとも漢元年八月以降一貫して他国侵攻を続けており、旧秦領域制圧後の軍事行動は三晋地域にも及んでいる。漢二年初頭には雍王章邯の抵抗拠点を残したままの状態で漢王自身が韓攻略に乗り出していることは、漢にとっての東方進出の重要性を物語る。いわば漢は、他国侵攻・東方進出を明確な課題とし続けた唯一の政権なのである。

なぜ漢のみがこのような動きを見せ続けるのか、ここでただちに明確な解釈を下すことはできないが、漢が十八王の中で本来の出身地から遠く離れたほぼ無関係な場所に封じられた唯一の勢力だったことがこれと無関係とは考えにくい。現時点では、この時期の漢の軍事行動とは本来的には郷里回帰の運動だったと考えておきたい。

以上みてきた六国の領域と大きく異なった傾向を見せるのが、旧楚領域である。この時期の旧楚領域には、二つの地域的特質を見出すことができる。

第一に、楚漢戦争初期の楚域では国々が楚の再統一を目指して動くことはなかった。南方楚は春秋時代の呉・越領域をも含む、民族的・文化的多様性を有する広大な空間で、広域的な中央集権的統一権力が成立しにくかった。項羽が封建時に楚を五分割したのはそのような地域的特性に対する一つの対応形態である。

第二に、上記の分権的性格に対応するように、秦末期の楚は特に多くの有力な武装勢力が林立している地帯だった。秦末期の旧楚領域及び斉・楚・魏交界地域は、自立的武装集団の出現が最も多く記録され、ごく短い期間に多くの集団が激突と統合を繰り返した空間である[38]。武装集団の林立は楚域諸集団における戦闘体験の蓄積を可能とした。楚域出自の武装勢力が持つ軍事的能力の背景には、これらの武装集団による膨大な戦闘体験の蓄積が存在したものと思われる。

項羽軍団をはじめとする楚域及びその隣接地域の軍団がしばしば示す軍事的能力と、それと裏腹な項羽政権の政治的孤立性の背景には、以上のような楚の地域的特性が想定される。そして漢二年四月の彭城の戦いは、数的に圧倒的に勝る五諸侯連合軍に対して、少数かつほぼ単独の項羽直属軍団が圧倒的な軍事的能力を発揮する戦いとなったのである。

第二節　彭城の戦いと漢の東方再進出

1　彭城の戦いと「五諸侯」

漢・五諸侯連合軍と項羽軍団が激突したのは、秦楚之際月表によれば漢二年四月のことである。(39)漢が彭城に入ったことを知った項羽は、対斉戦線から離れて彭城に引き返し対漢戦を開始した。項羽本紀ではこの時項羽は諸将に斉を撃たせたとするが、(40)田儋列伝にこの部分を「斉を醳《す》てて帰り、漢を彭城に撃つ」とするように、彭城奪還のために対斉戦線から撤退するための戦闘と見られ、実質的には対斉戦の放棄を意味するものだろう。漢軍と「五諸侯兵」との連合軍の総数は五十六万に達したという。これに対して項羽軍は三万にとどまったが、数で勝る敵に壊滅的打撃を与え、漢軍を壊走させた。彭城の戦いは数的に劣る西楚の圧倒的勝利に終わった。(41)

ここでふれておきたいのが、「五諸侯」が具体的に何を指すのかという問題である。近年の代表的な理解として、辛徳勇は漢代以降の諸説を網羅的に提示した上で彭城戦前後の諸侯の動きを検討し、五諸侯を塞・翟・殷・魏・韓とする。(42)佐竹靖彦は「五諸侯」を既に漢が併合した地域の諸侯を指すとみて、雍・塞・翟・河南・殷の五諸侯に、漢の直轄統治下になかった友軍たる西魏王豹の軍を加えたものが彭城の戦い時点での漢陣営とする。(43)また楯身智志は彭城の戦いに劉邦とともに参陣した諸侯を韓・西魏・趙・代・斉とし、清・董教増の説を引いて「五諸侯」を秦・楚以外の諸侯を意味する語とする。(44)

佐竹は、趙・斉等のまだ漢によって併合されていない天下の諸侯が漢に統率されて彭城を襲撃したという見方の「背後にあるのは、劉邦こそが正統であり、初発から天下が劉邦を支持したはずであるという思い込み」(45)と述べる。これは「項羽と劉邦の覇権闘争過程という通念的歴史像に距離を置いて楚漢戦争を叙述する」本章の基本的スタンスからすれば傾聴すべき見解だろう。しかし楯身も指摘するように、佐竹の挙げる諸侯以外にも漢に与して彭城の戦いに出兵したと考えられる例が史料上見出されるのも確かである。また雍王はこの時期未だ漢に服属しておらず、これを五諸侯に含めるのも疑問とせざるを得ない。以下、彭城の戦い前後の諸侯の動きを具体的に検討してみよう。

2　彭城の戦い前後における諸侯の動向

まず魏（西魏）に関しては、

漢王が蜀地から引き返して三秦を平定し、臨晋から渡河すると、魏王豹は国を挙げて漢王に味方し、そして漢王に従って楚を彭城で攻撃した。

漢王還定三秦、渡臨晋、魏王豹以国属焉、遂従撃楚於彭城。（魏豹彭越列伝）

との記事があり、秦楚之際月表・漢二年四月の項にも「従漢伐楚」とされるように、漢と手を結んで彭城の戦いに参戦している。彭越もこの時漢に接近して魏の相国となっており、魏は漢側について彭城の戦いに加わっていることは明らかである。

次に韓についていては、韓王信の列伝中に彭城の戦いに関する記事がなく、韓王信自身が彭城の戦いに参戦していたかどうかは確定できない。韓信盧綰列伝に「漢王迺立韓信為韓王、常将韓兵従」とあるように韓王信は基本的には韓兵を率いて漢軍に従っていたとみてよいが、彭城の戦いのような大事が列伝中に記されないのは不審である。しかし辛徳勇が指摘しているように、秦楚之際月表には韓が「従漢伐楚」したことは魏とともに明記されているので、韓軍が何らかの形で彭城戦に参戦したこと自体は疑う必要はないだろう。[46] あるいは、この時韓王信自身は彭城に赴かず兵のみ供出していたものか。

また、漢の敗戦後について『史記』は、漢との協力関係を解消しようとするもの、西楚との講和を目論むものが相次いだことを伝えている。高祖本紀では、

この時、諸侯は楚の強大と漢の敗走を目の当たりにして、みな漢から離れて再び楚の側についた。塞王欣は漢陣営から逃亡して楚に入った。

当是時、諸侯見楚強漢敗還、皆去漢復為楚。塞王欣亡入楚。(高祖本紀)

として、漢と連合していた諸侯が漢陣営を離れたことを記し、塞王欣が楚に降ったことを伝える。これと関連するのが次の記事である。

漢が彭城で敗れ撤退すると、塞王欣・翟王翳は漢陣営から逃亡して楚に降り、斉・趙もまた漢にそむいて楚と和睦した。

漢之敗卻彭城、塞王欣・翟王翳亡漢降楚、斉・趙亦反漢与楚和。(淮陰侯列伝)

これによれば、彭城での敗戦によって塞王欣・翟王翳が漢陣営を離れて楚に降ったという。このことについて、『漢書』高帝紀上は次のように記す。

諸侯は漢の敗北を見て、皆その下を去った。塞王欣・翟王翳は楚に降り、殷王卬は死亡した。

諸侯見漢敗、皆亡去。塞王欣・翟王翳降楚、殷王卬死。

辛徳勇はこの『漢書』の記事を、塞王欣・翟王翳・殷王卬が自ら兵を率いて漢に従っていた、即ちこれらが五諸侯に含まれていたことの根拠とする。塞王欣・翟王翳については『史記』にも関連記事が見られ疑う必要はないが、殷王司馬卬に関しては『史記』の関連記事中に見えず、諸侯の一人として参戦していたかどうか確言し難い。秦楚之際月表では漢二年三月に「降漢、(殷王)卬廃」とあって、月表の漢元年八月に「降漢、国除」とされる塞王欣・翟王翳とは異なっている。また殷王と同じ月表漢二年三月に「降漢」とされる魏王豹は翌四月の項に「従漢伐楚」とあるが、殷王については翌四月には「為河内郡、属漢」とあるのみである。前節でふれたように、殷王卬は、漢が三秦に侵攻したのと前後する時期に西楚と交戦状態に入ったが陳平によって再び項羽陣営に組み入れられ、そのあと漢により制圧されることになった、漢楚の間を揺れ動いた不安定な勢力であって、漢側にとっておよそ信頼のおける存在ではなかった。

以上より、彭城の戦いの時点では殷王卬は無力化されていた可能性が高いと考える。塞王欣・翟王翳が封国を失いながらもある程度の軍団を維持し配下の軍団とともに彭城の戦いに参戦したのに対して、殷王卬は廃位の対象となりもはや軍事的に意味のある存在ではなくなっていた、すなわち殷王卬は五諸侯に含まれなかったと見ておく。

さて、先に引いた淮陰侯列伝によれば斉・趙も楚と和睦したという。この時期の斉に関しては、淮陰侯列伝の記事に彭城の戦いの前には「合斉趙共撃楚」、戦後には「反漢与楚和」とあることから、彭城の戦いに漢側の一員として参加していたと解されることがある。しかし斉は彭城の戦いが開始される直前まで西楚と対峙しており、項羽軍団が対斉戦を放棄して彭城に駆けつけた後も斉に対する西楚の防衛線自体が消滅したとは考え難く、斉は西楚と対立する立場をとりつつも彭城戦には直接参戦してはいなかった可能性が高い(47)。淮陰侯列伝の記事は、彭城の戦いの帰趨が明らかになったのを機にそれまで続いていた斉楚間の抗争がいったん鎮静化したことを述べていると見ておくべきだろう。

次に趙・代に関しては、この両国が代王陳余の圧倒的影響力のもとにあったと考えられることは上述した。陳余は、趙王によって代王に立てられたが、趙王の弱体を見て代に赴かず趙にとどまっていた。陳余の動きについては張耳陳余列伝に、漢が対項羽戦に際して趙に共闘を呼びかけ、張耳の殺害を条件とした陳余に対して漢が張耳に良く似た首を送ることで陳余からの援兵を取り付けたとのエピソードが見える(48)。辛徳勇はこの時期の趙に関して、斉と同様に項羽を後方から攻めたに過ぎず彭城の戦いには直接には参戦していないとし、五諸侯に含めない。しかし斉の場合と異なり、趙・代はこの時点で西楚軍と直接交戦していたわけではない。張耳陳余列伝にも「遣兵助漢」と記されており、趙・代の軍は彭城に派遣されたと考えてよいように思われる。

以上、この時点までで王を称していた者たちの中で彭城の戦いに軍を集結したと見なし得るのは、魏王豹・韓王信・塞王欣・翟王翳・趙王歇・代王陳余である。斉は項羽に敵対する立場にあったことはあきらかだが、彭城の戦いに直接参戦していたとは考えにくい。ここまでの検討を踏まえて「五」を具体的な数を示すものと見るならば、「五諸侯」との表現は、魏・韓・塞・翟に加えて趙・代を一体の政治的勢力とみなしての呼称と考えるのが妥当ではないだろうか。

3　漢の敗走と関中の拠点化

彭城の戦いに敗れた劉邦は下邑で周呂侯の軍を吸収し、碭・虞での滞陣を経て滎陽まで敗走する。滎陽で陣容を建て直した漢軍は西楚軍団を破り、項羽の西進を阻止する(49)。そして滎陽がある程度安定すると、劉邦は関中に退却し自国領域内の整備に取り組んでいる。

漢王は彭城で敗れて西に逃れ、……敗戦後に後の孝恵帝のみを見つけ出し、六月に太子に立て、罪人を大赦した。太子に櫟陽を守らせ、諸侯の子で関中にいた者は櫟陽に集められ防衛を担わされた。……ここにおいて祠官に天地四方上帝山川を祀らせることとし、時期を定めてこれを祀らせた。

漢王之敗彭城而西、……敗後乃独得孝恵、六月、立為太子、大赦罪人。令太子守櫟陽、諸侯子在関中者皆集櫟陽為衛。……於是令祠官祀天地四方上帝山川、以時祀之。(高祖本紀)

西楚との直接対決に大敗を喫した劉邦は、櫟陽の防衛体制を整え祭祀を整えるなど、関中の体制構築に着手した。秦楚之際月表漢二年六月に「王入関、立太子」とあるように、恵帝を太子に立てたのはこの時の関中撤退以後のことである。また、三秦領域内で抵抗を続けていた雍王章邯に対する殲滅戦が遂行されたのもこの時期である。漢二年六月に章邯は死亡し、翌月には隴西・北地・中地の三郡が置かれた(50)。漢の東方進出は、三秦領域内に敵対勢力を残存させたままの強引な軍事行動だったのである。

前節で指摘したように、楚漢戦争初期の漢は他国に比べて著しい侵略的傾向を見せている。彭城の戦いで大敗を喫する以前の漢は、三秦領域内の安定化を後回しにしてでも東方進出を優先する方針を採っていた。換言すれば、彭城の戦い以前の漢にとっては、旧秦領域は未だ自らが拠って立つべき本拠地とは十分に認識されていなかったと考えられるのである。とすれば、この時期までの漢の東方進出は、三秦地域内の基盤が十分に整わないうちに戦線を東方に拡大しすぎてしまったものだったということになるだろう。

以後の劉邦の行動を見ると、東方の戦場で大きなダメージを負うといったん関中まで退却してから再び東方の戦場へ向かうという動きが幾度かみられる。東方進出を最優先課題としていた漢は、その課題を維持しつつ、関中地域を拠点化するという新たな課題を抱えることになった。彭城の戦いにおける大敗こそが、漢王権による関中拠点化の契機になったと評価できよう。(51)

以上、彭城の戦いで大敗した漢は、滎陽で項羽軍を食い止めるとともに、関中の体制整備に力を注ぐことになった。そして、廃丘で抵抗を続けていた雍王章邯を討ちその地域を郡に編成し、漢二年末頃から再び三晋地域への進出を開始する。

4 漢の東方再進出

漢軍が魏への侵攻を開始したのは漢二年八月のことである。魏王豹の動向について『史記』は次のように記す。

三（二）年、魏王豹は謁見して親の病を見舞うため帰国することを請い、国に至るや河津を断ち、漢を離れて楚の側についた。漢王は酈生を派遣して豹を説得させたが、魏豹は従わなかった。そこで漢王は韓信を派遣してこれを撃ち、大いにこれを破り、魏豹を虜とした。かくして魏地を平定し河東・太原・上党の三郡を置いた。

三年、魏王豹謁帰視親疾、至即絶河津、反為楚。漢王使酈生説豹、豹不聴。漢王遣将軍韓信撃、大破之、虜豹。遂定魏地、置三郡、曰河東・太原・上党。（高祖本紀）

漢二年……その八月、韓信を左丞相とし、魏を撃った。……韓信は遂に魏豹を虜にし、魏を平定して河東郡とした。

漢二年……其八月、以信為左丞相、撃魏。……信遂虜豹、定魏為河東郡。（淮陰侯列伝）

魏王豹は彭城の戦いのあと漢との共闘関係を解消していた。[52] 韓信を将として漢二年八月に魏に侵攻した漢は、九月には魏王豹を破り、[53] 後九月に旧魏領域を郡化している。[54] この一連の過程において劉邦は、魏王豹に対して必ずしも敵対的な姿勢を見せていない。劉邦は魏豹を攻め降伏させたが、その前にいったんは酈生を遣わして説得を試みている。さらに劉邦は自らの滎陽脱出の際には周苛らとともに魏豹に滎陽の守備をまかせている。漢王劉邦は魏王豹に対してかなりの配慮を見せ続けていると言ってよい。

またこの時期劉邦のもとには、陳余によって趙王位を追われた張耳が身を寄せていた。漢は張耳を支援し、漢二年末から三年初頭にかけて韓信・張耳を中心とする軍を派遣して趙を撃った。

韓信が魏地を平定すると、漢は張耳と韓信を派遣して趙を井陘に撃破し、陳余を泜水のほとりで斬り、趙王歇を追撃して襄国で殺害した。

韓信已定魏地、遣張耳与韓信撃破趙井陘、斬陳余泜水上、追殺趙王歇襄国。（張耳陳余列伝）

漢二年……その八月……漢王は張耳・韓信をともに派遣して、兵を率いて東北に向かわせ趙・代を撃たせた。後九月、代の軍を破り、夏説を閼与で捕えた。……韓信と張耳は数万の兵を率いて、東進して井陘を下して趙を撃とうとした。……大いに趙軍を破り虜にし、成安君を泜水のほとりで斬殺し、趙王歇を虜にした。

漢二年……其八月……漢王遣張耳与信倶、引兵東北撃趙・代。後九月、破代兵、禽夏説閼与。……信与

張耳以兵数万、欲東下井陘撃趙。……大破虜趙軍、斬成安君泜水上、禽趙王歇。（淮陰侯列伝）

漢三年十月、漢軍は、趙を破り趙王歇・代王陳余を殺害した。[55] この二国はいったん郡化される。[56] 趙王歇に関しては、陳余の傀儡的存在と認識されたためか、魏王豹に対する場合と異なって漢軍による特別な配慮が示されることはなかった。これによって戦国趙王家は政局から排除された。この時点で、斉を除いた旧戦国七国王家は政治的能力をほぼ喪失したものと考えてよい。

5　小結──漢二年末～漢三年初頭における諸国の動向

漢二年八月から三年十一月にかけて、東方再進出を開始した漢は三晋地域諸侯を短期間で打破した。漢三年十月に魏・趙・代を制圧した時点で、三晋地域はほぼ漢の勢力下に入ったことになる。

この時期の漢・三晋以外の諸地域に目を向けると、まず東方の斉は、彭城の戦いのあと田広を王に立て、田横が実権を握る。しかし田横専権下の斉は楚漢戦争期の政治的過程にほとんど関与していないようで、彭城の戦いの後しばらく『史記』にさしたる記録を見出すことができない。このことは斉が西楚とも漢とも直接的な関係を持たなかったことを示唆するものと考えられ、この時期の斉に関してはある程度の統一性を持った王権による地域的統合の進展があったとみるよりない。

燕についてはやはり文献上に記録は少ないが、淮陰侯列伝には趙制圧後のこととして、広武君の意見に従った韓信が使者を派遣したところ燕が従ったとの記事がある。[57] 漢三年初頭から春にかけてのいずれかの時期に燕王臧荼は韓信と、即ち漢との間に友好的な関係を築いたのである。淮陰侯列伝はこの燕の動きを「発使使燕、燕従風而靡」と記し、その記事は韓信が燕を服属させたものとも解し得るが、しかし、韓信軍は燕地に侵攻しておらず、以後の楚漢戦争の過程においても燕の存在感はきわめて希薄である。この時期の燕に関しては、楚漢抗争に直接かかわることなく漢・韓信軍との友好的関係を維持した状態で燕領域の政治的統合が進んだと理解しておく。

南方楚に関しては、彭城敗戦後に劉邦が隋何を九江に送り黥布を説得させたとの記事がみえる。(58) 九江王黥布は以後項羽と戦闘状態に入り、敗戦の果てに漢三年十二月には漢に帰順している。(59) これらの記事は、漢二年末〜漢三年初頭の楚域が紛争状態にあったことを示唆するものだろう。

彭城の戦いは漢側の大敗に終わったが、項羽の進撃は滎陽で食い止められ、以後の個別的戦闘においては漢が必ずしも劣勢だったわけではない。そして漢三年十二月ごろまでの項羽は楚域内部の紛争解決に力を注ぐことになり、このことは漢の東方再進出を可能とする重要な要因になったものと考えられる。

第三節　楚漢抗争と梁・斉

1　漢三年正月〜漢四年九月の楚漢関係

漢三年、三晋をほぼ制圧した漢は甬道を築いて滎陽周辺支配の安定化を目論んだ。それに対して、黥布を放逐し旧楚域の紛争状態を沈静化させた項羽は、再び対漢戦に力を注ぎ始めた。

漢は滎陽に駐屯し、甬道を築いてこれを黄河に接続し、敖倉の食糧を運んだ。漢の三年、項羽はしばしば漢の甬道を侵奪し、漢軍の食糧は乏しくなった。漢は食糧不足を恐れて、和睦を求め、地を分かって滎陽以西を漢とすることを申し出た。

漢軍滎陽、築甬道属之河、以取敖倉粟。漢之三年、項王数侵奪漢甬道、漢王食乏。恐、請和、割滎陽以

西為漢。（項羽本紀）

漢は滎陽周辺に築いた甬道を項羽に奪われ、漢三年四月から包囲攻撃にさらされることになった。(60) 食料供給がままならなくなった漢は項羽との和議を模索するが、項羽に拒否される。(61) この状況の中、周苛・樅公・魏豹に滎陽守備を任せた劉邦は、紀信の計により滎陽を脱出した。(62) このあと魏豹は周苛らによって殺害され、(63) 戦国魏王家は政局から排除されることになる。

いったん関中に撤退した劉邦は再び東方への進出を目論むが、臣下の諫言に従いいったん南下して宛・葉方面に進み、九江王黥布と合流して兵を吸収する。(64) これに対して項羽は自ら兵を率いて攻撃に向かうが、劉邦は壁中にこもり直接的戦闘には至らない。(65)

この時彭越軍が下邳で楚軍を破ったため、項羽は対漢戦線をいったん離れて彭越軍攻略のために東進した。(66) 項羽が戦線を離れた機会をとらえて、劉邦は北の成皋に移動する。

漢王はまた兵を率いて北の成皋に軍を進めた。項羽はすでに彭越を破って敗走させており、漢王が再び成皋に進軍したことを聞いて、再度兵を引いて西進し、滎陽を攻略し、周苛・樅公を誅殺し、韓王信を虜にし、遂に成皋を包囲した。

漢王亦引兵北軍成皋。項羽已破走彭越、聞漢王復軍成皋、乃復引兵西、抜滎陽、誅周苛・樅公、而虜韓王信、(67) 遂囲成皋。（高祖本紀）

劉邦が成皋に入ると、短期間で対彭越戦を制した項羽は滎陽攻略を成功させ、(68) 成皋に劉邦を包囲する。項羽によって包囲された成皋から劉邦は北方に脱出し、修武にて韓信・張耳の軍と合流、軍の直接指揮を執る[69]。この時期彭越の梁地での軍事活動が活発化しており、食糧補給経路の分断を恐れた項羽が自ら再び対彭越戦に乗り出した。そのため修武に拠った劉邦は河南に渡ろうとしたが、臣下の諫言に従い断念し河内に防壁を築いた。そして劉賈・盧綰を梁に派遣し、彭越軍と協力させることで項羽軍の動きを妨害しようとした[70]。

これ以後の楚漢戦争情勢について、本紀は二つの大きなエピソードを伝える。第一は、項羽による一連の韓信軍・彭越軍対応である。漢四年二月、韓信が龍且らを破り斉王位に就いた[71]。それを知った項羽は使者を送り、韓信に楚と結んで天下三分することを求めたが、拒否された[72]。また項羽は彭越軍への対応のために曹咎らに成皋守備を任せ、東方に軍を移動した。

漢四年冬、項羽と劉邦が滎陽で対峙している間に、彭越は睢陽・外黄など十七城を攻め落とした。項羽はそれを聞くと、曹咎に成皋を守らせて、自ら東へ向かい彭越の下した城邑を取り戻し、それらの城邑は全てまた楚についた。彭越は兵を率いて北の穀城に逃走した。

漢四年冬、項王与漢王相距滎陽、彭越攻下睢陽・外黄十七城。項王聞之、乃使曹咎守成皋、自東収彭越所下城邑、皆復為楚。越将其兵北走穀城。（魏豹彭越列伝）

項羽は成皋包囲を大司馬曹咎に任せ、再度彭越攻略に向かい、陳留・外黄・睢陽を下した。この間に漢軍と曹咎以下の西楚軍との戦闘があり、西楚軍は漢に大敗する。曹咎が漢に破れたことを聞いた項羽は急いで取って返し、漢軍に囲まれていた鍾離眛を救出、漢軍は退却したという[73]。

第二に、広武における長期にわたる楚漢の対陣がある。渡河し再び成皋に入った劉邦は、広武に布陣した。彭越軍を退けた項羽も広武に布陣し、両軍は数カ月にわたって対峙することになった。本紀には広武で対峙する項羽と劉邦の間で行われた幾度かの問答が記録されている。項羽本紀では、項羽が漢王の父を煮殺すとして劉邦に降伏を迫ったこと、項羽が漢王に挑戦し単身戦場に出たことを伝えている。高祖本紀には、項羽の十の罪を述べた劉邦の胸に項羽の放った矢があたったという有名な記事が見える。負傷した劉邦は、けがの悪化により成皋に入った後、けがが癒えてから入関、塞王欣の頭を市にさらし、然る後に再び広武に軍を進めている[74]。

この時期には楚漢のどちらかが圧倒的に優位にあったわけではない。個別的な戦闘では漢が勝利することも西楚が勝つこともあった。この時期の項羽と劉邦は互いに勝ったり負けたりを繰り返していたと言うよりない。

2 趙・斉・梁の動向

上にもふれたように、この時期の楚漢戦争は二つの外的要因によって戦況が大きく左右されていた。

第一は、趙を制圧していた張耳・韓信軍団の動向である。趙制圧後の張耳・韓信に対して、楚はしばしば軍を送り、張耳・韓信はこれに対抗しつつ趙の諸城の平定を進め、また兵を漢に送っていた[75]。成皋脱出後の劉邦は、修武で張耳・韓信軍団を掌握し、張耳に趙地の守備を命じ、秦楚之際月表によれば漢四年十一月には趙王に擁立した[76]。そして韓信を相国として趙地の統治を補佐させ、さらに趙兵を用いての斉侵攻を命じた[77]。

漢三年四月以降、漢王は項羽軍によってしばしば危機的状況に追い込まれたが、これに対して張耳らが直接救援に向かうことはなかった。漢王救援を優先的課題としないこの時期の張耳らの動きは、趙の自立志向を示唆するものだろう[78]。劉邦は自力で滎陽を脱出し軍の立て直しに取り組むよりなく、淮陰侯列伝に見える、ひそかに修武に入った劉邦が張耳・韓信の陣中に潜入しその軍を掌握したとする記事も、既に自立傾向を見せていた北方侵攻軍に対しては漢王自身がそこに乗り込まなくては漢の当座の方針に従わせることすらも困難だったことを伝えるものと考える。

とすれば、漢四年十一月段階の趙王張耳擁立は趙地で実質的に自立していた張耳の実態を追認したものとなろう。劉邦が張耳に趙地の守備を命じたとする淮陰侯列伝の記事は、張耳が対項羽戦への支援ではなく趙地の経営を主課題としたことを示唆し、趙が以後の対項羽戦争に積極的に関わらないことを漢の立場から説明するものである。また『史記』張耳陳余列伝は、趙王就位から劉邦即位までの時期の張耳の動きについて全く言及しない。趙王就位後の張耳は対項羽戦に直接には関与していないと考えるべきだろう。

漢四年十一月ごろより韓信の軍団が東方進出を開始する(79)。これに先んじて漢は酈食其を使者として斉に送っており、既に和平交渉はあらかた成立し、斉は漢軍への備えを解除していた。漢側の本来の方針は斉と結んでの対項羽戦の遂行だったのである。これに対して韓信は漢王の方針を無視した独断的軍事行動をとり、それによって東方斉政権は壊滅状態に陥る(80)。これによって旧斉王家たる田氏も地域的基盤を失った。ただし田氏は戦国王族として以後も漢初まである程度の存在感を示し続ける(81)。

漢四年二月、韓信が斉王となったが、斉王室滅亡及び韓信の斉王就位以後も曹参により斉残余勢力に対する掃討戦が続けられており、韓信の斉王就位と斉全土の平定は同一視できない(82)。項羽は使者を送って韓信との間に同盟を結ぼうとするが、これは韓信に拒否される(83)。漢は斉王となった韓信から兵を徴発しており(84)、また高祖本紀に項羽が鴻溝の講和を受け入れた一因として「斉王信又進撃楚」とあり、楚漢講和実現の一要因として韓信軍の存在があったことが述べられる。韓信がこの時期に強大化していたことはしばしば指摘され、韓信軍は漢に対して相当の自立性を有していた可能性が高いが、韓信は基本的に漢側に立つ姿勢を崩すことはなかった。しかし漢四年九月段階では、漢軍と韓信軍が連合して項羽軍に総攻撃をかけるような事態は発生していない。

第二は梁地を中心とする彭越軍の動きである。彭城の戦いのあと、彭越は魏王豹からは自立した行動をとり、北方に新たな根拠地を築いた。そして漢三年の漢軍の東方再進出と連動するように、梁の地で軍事活動を開始していた。

漢王が彭城で楚に敗れ散り散りになって西に逃げると、彭越はかつて下した城邑全てを再び失い、独自に兵を率いて北に向かい黄河のほとりを根拠地とした。漢王三年、彭越は常に漢の游兵として出没し、楚を攻撃し、楚の食糧補給路を梁地で切断した。

漢王之敗彭城解而西也、彭越皆復亡其所下城、独将其兵北居河上。漢王三年、彭越常往来為漢游兵、撃楚、絶其後糧於梁地。（魏豹彭越列伝）

項羽は幾度か対彭越戦を行っているが、彭越軍を個別の戦闘では破ることができても、壊滅させることはできなかった。そして彭越軍は梁地を中心に楚軍にダメージを与え続ける。

この時、彭越は兵を率いて梁の地におり、あちこちに出没して楚兵を苦しめ、その糧食を断った。田横も（梁に）行って彭越に従った。

当此時、彭越将兵居梁地、往来苦楚兵、絶其糧食。田横往従之。（高祖本紀）

彭越は以後も反項羽的軍事活動を続け、鴻溝の講和以後においても、項羽軍を牽制しつつ劉邦軍の物資供給に寄与したとされる。(85) ただし彭越軍が必ずしも常に漢に従属していたわけではないことには、ここで改めて注意しておく必要がある。先に引いた史料にあるように、韓信の軍によって斉を追われた田横は彭越集団に合流しており、そのこと自体が彭越の漢に対する自立性を示唆している。その時のことを、田儋列伝は次のように記す。

田横は斉から逃れて梁に走り、彭越に帰順した。彭越はこの時梁の地におり、中立の立場をとり、漢に与したり楚に与したりした。

田横亡走梁、帰彭越。彭越是時居梁地、中立、且為漢、且為楚。

『史記』は彭越軍と項羽の関係について記すことに消極的だが、田儋列伝の記事は彭越軍が状況によって政治的位置を変えた、楚漢のいずれにつくこともあり得た勢力だったことを伝える。二十国分封時、項羽は西楚領域を梁地域を含む形で設定した(86)。そのため梁の回復を目指す彭越は西楚領域を主要な活動地域とすることになり、結果的に彭越軍は反項羽的な動きを見せることが多くなったものと思われる。漢四年段階までの彭越軍は漢に従属する集団では必ずしもなかったと考えるべきだろう。

3 小結—楚漢の和睦と諸侯の動向

楚漢が鴻溝を境界とする約を結んで講和するのは、漢四年九月ごろのことである(87)。楚漢講和直前の情勢に関して、項羽本紀は食糧不足を特記し項羽軍団側の不利を印象付ける記述を展開する。また高祖本紀はこの時期の項羽軍団が漢側の勢力に苦しめられていたことを強調する。梁では彭越軍の軍事活動が収まらず、斉の田横もそれに合流しており、さらに新たに斉王となった韓信が対楚戦を開始していたというのである(88)。

しかし上述の如く、この時期には楚漢いずれかが圧倒的に優勢だったとは考えにくい。項羽本紀によれば、項羽は漢との講和に積極的ではなくここで講和を強く申し入れたのは漢の側だったという(89)。また、鴻溝を境として東西に勢力圏を画定することによる講和は、項羽にとっては旧梁地域の確保を意味する。項羽の立場から見ればこの講和は、鴻溝を境に勢力圏を画定することで旧梁地域を含む西楚領域の確保を漢に承認させ、東方の韓信・彭越軍団と漢を分断するものだったと言えるだろう。この講和自体は必ずしも項羽の妥協の産物ではなかったものと考えることができる。

漢三年正月から漢四年九月にかけての楚漢戦争の具体的動向については史料的制約により明らかにできない部分が多いが、ここまで戦況を検討した限りでは、漢四年末段階では楚漢の優劣はさして明確ではない。またこの時期の漢が諸侯の盟主的な位置にあったかどうかも疑問である。張耳・韓信の自立は、陳勝政権時の北方派遣軍たる武臣・韓広らの自立を想起させる。燕・趙は漢・斉と友好的な関係を保っており、漢への援兵を行った可能性もあるが、(90)『史記』には楚漢戦争への関与はほとんど記録されない。斉の韓信軍及び彭越軍はしばしば漢と共闘していたが、それによって戦況が漢側の圧倒的有利に傾くことはなかった。そして韓信・彭越が必ずしも常に漢王の意向に従って動いているわけではなかったことは、漢五年に入って間もなく明らかになる。

第四節　項羽政権の崩壊

1　最末期の楚漢戦争（1）

楚漢の和睦は漢側から一方的に破棄され、以後戦況は急速に展開する。項羽本紀には以下の記事が見える。

漢五年、漢王は項羽を追撃して、陽夏の南に行き軍を止め、淮陰侯韓信・建成侯彭越と期日を約してともに楚軍を撃つこととした。しかし固陵に至っても、韓信・彭越の軍は来なかった。楚軍は漢軍を撃ち大いにこれを破った。漢王はまた城壁の中に入り、壕を深く掘り守った。そして張良に、「諸侯は約に従わないがどうしたものか」といった。張良がこたえるには、「楚軍がまさに敗れようとしているのに、信・越にはまだ封地が決まっておりません。来ないのも当然です。王が彼らと天下を分けることができれば、彼らはすぐにも参りましょう。それができねば、事が成るかどうかはわかりません。陳以東、海に至るまでを韓信に与えなさい。睢陽以北の穀城に至るまでを彭越に与えなさい。そしてそれぞれを自ら戦うようにさせれば、楚軍を破るのは容易でしょう」といった。

漢五年、漢王乃追項王至陽夏南、止軍、与淮陰侯韓信・建成侯彭越期会而撃楚軍。至固陵、而信・越之兵不会。楚撃漢軍、大破之。漢王復入壁、深塹而自守。謂張子房曰、諸侯不従約、為之柰何。対曰、楚兵且破、信・越未有分地、其不至固宜。君王能与共分天下、今可立致也。即不能、事未可知也。君王能自陳以東傅海、尽与韓信。睢陽以北至穀城、以与彭越。使各自為戦、則楚易敗也。(項羽本紀)

鴻溝を境界とする約を一方的に反故にした漢軍は項羽軍を追撃したが、あてにしていた韓信・彭越の援軍がなく、固陵で敗退し壁中に籠ることになった。楚漢戦争最末期に至っても、個別的戦闘において楚漢の間に大きな差は見出されない。流動的な戦況の中で、韓信・彭越は様子見しつつ自立的な動きを見せている。劉邦が韓信・彭越軍の合流を実現したのは、張良の進言に従い彼らと天下を分かつことを明言することによってである。漢は諸侯との協力なしには西楚に対する優位を獲得し得ず、自立性をもった諸侯同士がごく緩やかな結合を成すに過ぎない反項羽軍は、王位を媒介としなくては動員困難だった。

それでは固陵での敗戦及び張良の献策後の戦闘過程についてはどのように考えることが出来るだろうか。楚漢戦争の最終段階たる漢五年十月~十二月の過程については議論がある。通説的には、広く知られているように垓下（安徽省霊璧県）の戦いにおいて劉邦は項羽に最終的勝利をおさめたとされる。これについて辛徳勇は、「垓下」は文字の訛誤に属すもので垓下の戦いは存在しなかったとし、『史記』に見える「垓下の戦い」は「陳下の戦い」というべきとする。[91] これに対して施丁は、「陳下の戦い」と「垓下の戦い」を別のものとし、前者を楚漢戦争の最終段階となる大決戦だったとみる。[92]

楚漢戦争末期の戦闘過程について項羽本紀では、張良の献策以後の動向を次のように述べている。

使者が着くと、韓信・彭越ともに「今から兵を進めよう」と言った。韓信は斉から、劉賈軍は寿春から並び進み、城父を屠り、垓下に至った。大司馬周殷は楚に背き、舒の軍を率いて六を屠り、九江の兵を挙げ、劉賈・彭越に従ってみな垓下に会し、項羽に迫った。

使者至、韓信・彭越皆報曰、請今進兵。韓信乃従斉往、劉賈軍従寿春並行、屠城父、至垓下。大司馬周殷叛楚、以舒屠六、挙九江兵、随劉賈・彭越皆会垓下、詣項王。

また高祖本紀では、

（高祖は）張良の計を用いたので、韓信・彭越はみな来た。劉賈も楚地に入り、寿春を囲んだ。漢王は固陵で敗退すると、使者を送って大司馬周殷を招いた。（周殷は）九江の兵を挙げて武王黥布を迎え、移動の過程で城父を屠り、劉賈や斉・梁の諸侯に従ってみな垓下に大いに会した。

用張良計、於是韓信・彭越皆往。及劉賈入楚地、囲寿春。漢王敗固陵、乃使使者召大司馬周殷。挙九江兵而迎武王、行屠城父、随劉賈・斉梁諸侯皆大会垓下。

と述べる。本紀においてはこの時期の戦闘過程の大枠が示され、韓信・彭越らの諸将が城父の戦いを経て「垓下」に「会」「大会」したことが述べられている。「陳下」については本紀では触れられない。

2　最末期の楚漢戦争（2）

本紀中には「陳下」は見えないが、列伝・表には「陳下の戦い」を含める形で戦闘過程を述べるものがある。（靳歙は）別動隊として河内に行き、……各地を攻略しつつ東進し、緡・郯・下邳等に進撃し、南進して蘄・竹邑に至った。項悍を済陽近くで破った。そして軍をかえして、陳下で項羽を撃ち、これを破った。

別之河内、……略地東至緡・郯・下邳、南至蘄・竹邑。撃項悍済陽下。還撃項籍陳下、破之。（傅靳蒯成列伝）

項羽は東方に撤退し、（樊噲は）高祖に従って項羽を攻め、陽夏を下し、楚の周将軍の兵卒四千を捕虜とした。項羽を陳に囲み、大いにこれを破った。胡陵を屠った。

項羽引而東、従高祖撃項籍、下陽夏、虜楚周将軍卒四千人。囲項籍於陳、大破之。屠胡陵。（樊酈滕灌列伝）

また高祖功臣侯者年表には「（蟲逢）破項羽軍陳下、功侯、四千戸」との記事が見えており、項羽軍を漢軍が「陳下」で破った戦闘が存在したことは、これらの記事に明記されている。特に注意すべきは次の記事である。

（灌嬰は）漢王と頤郷（苦県）で会した。つき従って項羽軍を陳下で攻撃し、打ち破った。部下の兵卒が楼煩の将二人を斬り、騎将八人を捕虜とした。食邑二千五百戸を増封された。項羽が垓下で敗れて敗走すると、灌嬰は御史大夫として詔を受け車騎を指揮して高祖と別れて項羽を追撃し東城に至り、これを破った。部下の兵卒五名がともに項羽を斬り、皆列侯の爵を賜った。

与漢王会頤郷。従撃項籍軍於陳下、破之。所将卒斬楼煩将二人、虜騎將八人。賜益食邑二千五百戸。項籍敗垓下去也、嬰以御史大夫受詔将車騎別追項籍至東城、破之。所將卒五人共斬項籍、皆賜爵列侯。（樊酈滕灌列伝）

灌嬰軍は、劉邦と合流した陳下で項羽軍を破り褒賞を得て、さらに項羽の垓下敗走後にはそれを追撃し項羽誅殺の実行者となっている。ここには「陳下」と「垓下」が別々に記されている。また灌嬰は、陳下の戦いの功績により二千五百戸を、垓下の戦い、項羽殺害を経た高祖即位の際にはさらに三千戸を増封されている(93)。二つの戦いの褒賞は区分されているようであり、この点から見ると「陳下の戦い」と「垓下の戦い」を別の戦役とするほうが理解しやすい。

3　最末期の楚漢戦争（3）

それではこの時期の戦闘過程についてふれる他の記事はどうなっているだろうか。関連史料を検討しよう。

漢五年、漢王は項羽を追って固陵に至り、劉賈をして淮河を南に渡らせ寿春を囲んだ。寿春から引き返してくると、楚の大司馬周殷をひそかに招いた。周殷は楚に反し、劉賈を助けて九江の兵を挙げ、武王黥布の兵を迎えた。みな垓下に会し、ともに項羽を撃った。

漢五年、漢王追項籍至固陵、使劉賈南渡淮囲寿春。還至、使人間招楚大司馬周殷。周殷反楚、佐劉賈挙九江、迎武王黥布兵。皆会垓下、共撃項籍。（荊燕世家）

漢軍の別動隊だった劉賈は、寿春を包囲し楚の大司馬周殷を漢側に引き込んだ上で、黥布の兵を迎え入れ、これらともに垓下に「会」している。韓信の場合も淮陰侯列伝に、

漢王が固陵で危機に陥った時、張良の計を用いることで、斉王韓信を呼び寄せ、かくして兵を率いて垓下に会した。

漢王之困固陵、用張良計、召斉王信、遂将兵会垓下。

とあるように、垓下に「会」したとされる。また彭越についても魏豹彭越列伝に、

漢王は彭越に使いを送り、留侯の策のようにした。使者が来ることで、彭越は兵をすべて率いて垓下に会することになり、遂に楚を破った。

漢王乃発使使彭越、如留侯策。使者至、彭越乃悉引兵会垓下、遂破楚。

とあって、垓下に「会」したことが韓信の場合と同様に特記されている。(94) 彭城での大敗のあと劉邦の謀臣たる張良が配下に加えるべきと劉邦に進言したことが『史記』に明記されているのはまさに韓信・彭越・黥布の三名で、

『史記』は漢が楚を破り得た要因をこの三人の力と評している。[95]これらの軍団が最終的に結集した場所が垓下だったと『史記』が認識していることは動かし難い。[96]ここまで見てきた諸史料では、「陳下」は劉邦とその配下の将軍たちが項羽軍を破った場所、「垓下」は諸侯が「会」「大会」し項羽に対する勝利を決定的にした場所として、明確に書き分けられていると言ってよい。

楚漢戦争終結後、高祖劉邦は自らが天下を取った理由について臣下に、一人の范増すら用いることが出来なかった項羽に対して個別の能力でいえば自分よりもはるかに優れた人物たちを用い得たことこそがその所以と述べている。[97]この会話が交わされたこと自体の事実性を問うのは困難だが、前漢中期までにそのような事実認識と、多様な人物を自らのもとに集め使いこなす能力こそが天下を取るための本質的な能力であるとの政治的な論理が形成されていたことは認めてよい。高祖は多くの有能な人物を結集し任用することで天下を取ったと認識されたのである。項羽本紀・高祖本紀が「垓下の戦い」を特筆するのは、黥布・韓信・彭越らを従え得たことこそが楚漢戦争における漢の勝利の本質的要因であって、劉邦が項羽に勝る決定的な一点が諸将を結集し得る人格的能力だったとの、『史記』の基本的認識に基づくものである。

以上より、筆者は「陳下の戦い」と「垓下の戦い」を別の戦役と見る見解に左袒する。「陳下の戦い」が項羽本紀・高祖本紀に記録されていないのは、そもそも本紀が個別的戦闘を網羅的に述べる意図を持っていないからだろう。『史記』は楚漢戦争を叙述する中で、張良の言として黥布・韓信・彭越の帰趨こそが楚漢戦争の結果を決めるとの認識を披歴し、劉邦が最終的に勝利した要因も人格的能力に基づく有能な人物の結集に求めている。陳下において著しい戦功を挙げたのは列伝中に「陳下の戦い」が明記されている灌嬰・靳歙のような劉邦配下の将軍たちに過ぎず、『史記』にとっては彭越・韓信らを最終的に結集し得た「垓下の戦い」の方がよほど重要だった。漢は垓下に諸侯を結集することで、ようやく反項羽連合軍の盟主たる実質を備えたのである。

漢は、陳下・城父で楚軍を破る。そしていわゆる垓下の戦いを経て、漢五年十二月、項羽は殺害される。秦楚之際月表は「誅籍」とのみ記している。(98)

4　楚漢戦争の終結

項羽誅殺後も楚域の抵抗戦は続く。項羽の死で天下平定が成し遂げられたわけではない。『史記』は項羽誅殺後の灌嬰について次のように記す。

渡江、破呉郡長呉下、得呉守、遂定呉・豫章・会稽郡。還定淮北、凡五十二県。(樊酈滕灌列伝)

長江を渡って、呉郡長を呉県近くで破り、呉守を捕え、かくして呉・豫章・会稽郡を平定した。引き返して淮北地域を平定すること、五十二県に達した。

さらに絳侯世家には、

籍已死、因東定楚地泗川・東海郡、凡得二十二県。

項羽が死んだ後、そのまま東に向かい楚地の泗川・東海郡を平定し、合せて二十二県を得た。

とある。項羽死後の漢はさらに軍を進めて南方・東方の各地を制圧した。高祖功臣侯者年表は項羽死後に浙を都として自立し王を称した壮息なる人物の存在を伝える。(99) また高祖本紀には灌嬰の楚地侵攻は「斬首八万」に達したとあり、(100) 項羽死後の楚地では王を称する勢力によるものも含めた大規模な抵抗戦がおきていたとみてよい。

これとは別に、漢と結ぶことを肯んじなかったのが臨江王のケースである。項羽の死後も漢に従わなかった臨江王驩に対して、漢は盧綰・劉賈らに臨江国を攻略させた。[101]秦楚之際月表によれば、漢三年八月に臨江王が代替わりし共敖の子の臨江王驩が立っている。[102]そして月表によれば項羽が誅殺されたのと同じ漢五年十二月に臨江王は漢にとらえられ、その領国は漢の南郡となったという。[103]これらを見ると、臨江王驩は項羽に従い反漢的立場をとっていたと解釈できそうだが、それにしては楚漢戦争中の臨江王驩の存在感は父の臨江王敖の場合と同じくあまりにも希薄である。臨江王驩に関しては、中立的立場をとっていたが呉芮における梅鋗のような存在がなかったため項羽と同列視され漢に反攻せざるを得なくなっていった存在と理解しておく。

これらに加えて、楚域が全て漢に服した後も抵抗を続けていた魯地域が降ることで、[104]ようやく楚漢戦争は終結し天下平定は成った。項羽死後も楚域及びその周辺地域での戦闘は続いている。これらの戦闘の詳細を明らかにすることは史料状況から困難だが、項羽死後の中国東南地域に漢を中心とするグループによる天下平定に抵抗し続けた勢力のかなりの広がりがあったことは明らかである。[105]

5　小結―楚漢戦争最末期における諸侯の動向

楚漢戦争最末期、垓下の戦いに至って漢は反項羽連合軍を結集し、項羽を殺害した。この段階で漢のもとに集結したのは、韓信・彭越の軍と、周殷・劉賈とともに参陣した黥布の軍である。この他に韓王信の軍も参戦していたものと思われる。趙王・燕王に関しては、この時期の楚漢戦争への明確な関与は確認できない。趙・燕の垓下の戦いへの関与は援兵を行った可能性にとどまるとみられる。[106]

また、旧楚域でも臨江王共驩・衡山王呉芮が中立的立場をとっていたが、呉芮が早い段階から漢とのつながりを維持していたのに対して、共驩は漢等と友好的な関係を築くに至っておらず、項羽の死から遠くない時期に征討の対象となったものと考える。項羽がそうだったように、臨江王共驩の闘争もまた孤立的だった。

楚漢戦争は、二十国分立最初期には相対的に有力な勢力だった項羽の西楚が、封建後の諸国再統合の進展の中でその軍事的優越性を失い孤立的な闘争を続ける一方、それ自体としては必ずしも最有力勢力とは言えない漢が楚漢戦争の最末期において他勢力を糾合し反項羽連合軍の盟主たる実質を備えるに至る過程と総括できるだろう。項羽は諸国を従える覇王などではなかった。同じく劉邦も諸侯を従える天下の王者とは言い難い。劉邦は反項羽連合軍における当座の盟主に過ぎず、しかも楚漢戦争期を通じて安定してそのような位置にあったわけではない。漢は、盟主たることが自明視されるような勢力の不在状況下で、選択的に浮上することになった勢力と考えなくてはならない。

おわりに

本章で述べてきたように、漢は楚漢戦争の最終段階においてようやく諸侯の集結を成し遂げたのであって、漢自体が卓越した軍事力を有していたわけではない。それではそのような状況の中で漢が諸侯の盟主と成り得、天下平定の主体として振る舞い得た要因は何か。本章の議論を踏まえて述べるならば、楚漢戦争期に発生した二つの現象はこの問題と深くかかわるように思われる。

項羽による諸国細分化・各国の軍事的規模の小規模化とそれに続く楚漢戦争の過程で、戦国七国の王族はほぼ無力化された。劉邦の魏王豹に対する配慮に見られるように、旧七国王族の政局からの排除自体は漢の意図するところではなく、それは秦末〜楚漢戦争期の混乱が生み出した多分に偶発的な現象である。楚漢戦争の第一の歴史的意義は、戦国王権の最終的没落による王位就位者の質的転換の実現だろう。楚漢戦争の終結により天下の平定状態が旧七国王家なしに再生することが明らかになったのである。その結果、新たな王には血縁的連続性において旧七国王家とほぼ無関係な者たちが早々に就位した。[107] 劉邦の皇帝就位を可能とした要因の一つは、秦末〜楚漢戦争期の動乱の中で発生した七国王権の最終的解体による、伝統的権威を保有する有力者の不在状況である。

また劉邦が諸侯の盟主となり得るには、もう一つの地理的要因があった。楚漢戦争期の諸侯領域内で戦乱を免れた地域は多くない。そしてその中で、漢の本拠地となった関中は、漢元年八月の三秦統一以来、雍王章邯の抵抗がしばらく続きはしたものの大勢としては戦乱を長期的に免れ続けた稀有な地域だった。劉邦は楚軍に大敗を喫したり重傷を負ったりして幾度か関中に退却したが、他地域の軍団がそれを追撃する状況はうまれなかった。

それに対して、三晋地域は一貫して主戦場であり続け、楚域も魏・斉との交界地域を中心に戦乱が絶えなかった。斉も、韓信による侵略を受けて以後は掃討戦の地となっていた。楚域以外で反項羽的立場をとったこの時期の大規模勢力の中で、漢三年以降に本拠地が主戦場とならなかったのは漢・燕くらいのものだった。そして北方遠隔地に位置する燕が楚漢戦争の過程にほとんど関与しなかったことをみれば、彭城の戦い以後の時期を通じて安定的な本拠地構築をなし得、なおかつ滅秦期以来の政治的過程の中で諸侯の盟主たり得る正統性に結び付くような功績を有する勢力は、戦国七雄の末裔がほとんど壊滅している状況下では、もはや漢のみになっていたことが見出し得よう。

しかし皇帝劉邦は楚漢戦争の論功行賞を一方的に行い得るような他に抜きん出た権力の保有者には成り得なかった。劉邦が直接行い得た論功行賞は、自らの同盟軍的存在の領袖・友好国王に対するものと、それに準じる最側近の者たちに対するものに限られた。その結果王位は早々に決定され、功績抜群の少数の功臣に対する褒賞も早々に決定されたが、それ以外に対する論功行賞はなかなか進まないことになる。[108]

皇帝即位時の劉邦には他を圧倒する権威や軍事的実力などなかったし、最初期の漢王朝にも中国全土を統制し社会総資産の再分配を目論み得るような政治的力量は備わっていなかった。草創期の漢王権の前に広がっていたのは、長い戦乱状態に疲弊した広大にして無秩序な社会と半壊状態となった秦以来の政治的システムだったと考えなくてはならず、最初期の漢王朝はその最上層のみを自らの協力者・腹心たちで乗っ取った、いわば暫定的な政権に過ぎなかったのである。(109)

以上のような状況の中で、草創期漢王権は当座の盟主以上のものではなかった自らの性格をいかに恒久的な王者のそれに変質させていくかという新たな課題を抱えることになる。楚漢戦争終結後、漢は諸侯王対策に力を注ぎ続ける。そしてその一方で劉氏を特別な一族と位置付けるための試みも行われ始めたのではないだろうか。壊滅した旧七国王権に代わる新しい系譜的権威を自らの血縁的系譜上に構築する試みは漢王権の新たな課題となってゆく。

項羽の死に対して劉邦は大いに悲しみ、さらに項羽の一族に対して、

項氏の一族を、漢王はだれも誅殺しなかった。そして項伯を封じて射陽侯とした。桃侯・平皋侯・玄武侯はみな項氏だったが、漢の姓劉氏を賜うた。

諸項氏枝属、漢王皆不誅。乃封項伯為射陽侯。桃侯・平皋侯・玄武侯皆項氏、賜姓劉氏。(項羽本紀)

との措置をとったという。項氏の多くが劉氏とされたのである。このような動きに戦国以来の名族たる項氏を劉氏の中に吸収しようとする意志を見出すのはいささかうがちすぎだろうか。

第六章　註

（1）楚漢戦争期の歴史的過程に関する近年の代表的な研究成果のうち本章と関連するものとして、李開元『漢帝国の成立と劉邦集団』（汲古書院、二〇〇〇）、楯身智志『前漢国家構造の研究』（早稲田大学出版部、二〇一六）、松島隆真「漢王朝の成立―爵を手がかりに―」（『東洋史研究』六九―一、二〇一〇）、「陳渉から劉邦へ―秦末楚漢の国際秩序―」（『史林』九七―二、二〇一四）がある。また概説書として、永田英正『項羽』（ＰＨＰ文庫、二〇〇三）、堀敏一『漢の劉邦　ものがたり漢帝国成立史』（研文出版、二〇〇四）、藤田勝久『項羽と劉邦の時代』（講談社選書メチエ、二〇〇六）、佐竹靖彦『劉邦』（中央公論新社、二〇〇五）、『項羽』（中央公論新社、二〇一〇）がある。

（2）項羽……滅秦而立侯王也、迺徙斉王田市更王膠東、治即墨。斉将田都従共救趙、因入関、故立都為斉王、治臨淄。故斉王建孫田安、項羽方渡河救趙、田安下済北数城、引兵降項羽、項羽立田安為済北王、治博陽。田栄以負項梁不肯出兵助楚・趙攻秦、故不得王。（田儋列伝）

（3）田栄撃都。都降楚。（秦楚之際月表・漢元年五月・斉）

（4）田栄撃殺市。（秦楚之際月表・漢元年六月・膠東）

属斉。（漢元年七月・膠東）

田栄聞項羽徙斉王市膠東、而立斉将田都為斉王、乃大怒、不肯遣斉王之膠東、因以斉反、迎撃田都。田都走楚。斉王市畏項王、乃亡之膠東就国。田栄怒、追撃殺之即墨。（項羽本紀）

（5）斉王田栄始、故斉相。（秦楚之際月表・漢元年六月・斉）

田栄撃殺安。（秦楚之際月表・漢元年七月・済北）

属斉。（漢元年八月・済北）。

栄因自立為斉王、而西撃殺済北王田安、并王三斉。（項羽本紀）

栄亦発兵以距撃田都、田都亡走楚。田栄留斉王市、無令之膠東。市之左右曰、項王強暴、而王当之膠東、不就国、必危。

(6) 市懼、迺亡就国。田栄怒、追撃殺斉王市於即墨、還攻殺済北王安。於是田栄迺自立為斉王、尽并三斉之地。(田儋列伝)

(7) 趙将陳余亦失職、不得王。二人倶怨項王。項王既帰、諸侯各就国、田栄使人将兵助陳余、令反趙地。(田儋列伝)

彭越列伝の原文では漢が将軍印賜与に関与したかのように記すが、本書では『史記会註考証』所引の劉攽説に従い「漢乃使人賜彭越将軍印」の「漢」字は省いて解釈する。松島隆真「陳渉から劉邦へ——秦末楚漢の国際秩序——」三〇～三一頁。

(8) 項籍撃栄、走平原、平原民殺之。(秦楚之際月表・漢二年正月・斉)

(9) 項籍立故斉王田仮為斉王。(秦楚之際月表・漢二年二月・斉)

(10) 田栄弟横反城陽、撃仮、走楚、楚殺仮。(秦楚之際月表・漢二年三月・斉)

項王遂焼夷斉城郭、所過者尽屠之。斉人相聚畔之。栄弟横収斉散兵、得数万人、反撃項羽於城陽。(田儋列伝)

(11) 漢王率諸侯敗楚、入彭城。項羽聞之、乃醳斉而帰、撃漢於彭城、因連与漢戦、相距滎陽。(田儋列伝)

(12) 斉王田広始。広、栄子、横立之。(秦楚之際月表・漢二年四月・斉)

以故田横復得収斉城邑、立田栄子広為斉王、而横相之、専国政、政無巨細皆断於相。(田儋列伝)

(13) 韓王成無軍功、項王不使之国、与倶至彭城、廃以為侯、已又殺之。(項羽本紀)

項羽誅成。(秦楚之際月表・漢元年七月・韓)

(14) 韓王鄭昌始、項羽立之。(秦楚之際月表・漢元年八月・韓)

(15) 令故呉令鄭昌為韓王、距漢兵。(高祖本紀)

項籍之封諸王皆就国、韓王成以不従無功、不遣就国、更以為列侯。及聞漢遣韓信略韓地、迺令故項籍游呉時呉令鄭昌為韓王以距漢。(韓信盧綰列伝)

(16) 以下本章では、韓王とされた韓大尉信を「韓王信」、後に楚王となる韓信は「韓信」と称する。

(17) 韓王信始、漢立之。(秦楚之際月表・漢二年十一月・韓)

(18) 属漢、為河南郡。(秦楚之際月表・漢二年十一月・河南)

(19) 松島隆真はこのことを項羽の封建制が当初から抱えていた主要な問題点の一つに挙げる(「陳渉から劉邦へ——秦末楚漢

の国際秩序──」二六頁）。

(20)（漢二年三月）下河内、虜殷王、置河内郡。（高祖本紀）

王撃殷。（秦楚之際月表・漢二年三月・漢）

降漢卬廃。（秦楚之際月表・漢二年三月・殷）

（殷・司馬卬）為河内郡、属漢。（秦楚之際月表・漢二年四月・殷）

(21) 居無何、漢王攻下殷。項王怒、将誅定殷者将吏。陳平懼誅、乃封其金与印、使使帰項王、而平身間行杖剣亡。……平遂至修武降漢、因魏無知求見漢王、漢王召入。（陳丞相世家）

(22)（漢二年三月）漢王従臨晋渡、魏王豹将兵従。（高祖本紀）

降漢。（秦楚之際月表・漢二年三月・西魏）

(23) 張耳敗走、念諸侯無可帰者、曰、漢王与我有旧故、而項羽又強、立我、我欲之楚。甘公曰、漢王之入関、五星聚東井。東井者、秦分也。先至必覇。楚雖強、後必属漢。故耳走漢。漢王亦還定三秦、方囲章邯廃丘。張耳謁漢王、漢王厚遇之。（張耳陳余列伝）

（漢二年正月）張耳来見、漢王厚遇之。（高祖本紀）

耳降漢。（秦楚之際月表・漢二年十月・常山）

(24) 歇復王趙。（秦楚之際月表・漢二年十月・代）

歇以陳余為代王、故成安君。（秦楚之際月表・漢二年十二月・常山）

陳余悉発三県兵、与斉并力撃常山、大破之。張耳走帰漢。陳余迎故趙王歇於代、反之趙。趙王因立陳余為代王。（項羽本紀）

(25) 臧荼撃広、無終滅之。（秦楚之際月表・漢元年八月・遼東）

（遼東）属燕。（秦楚之際月表・漢元年九月・遼東）

(26)『史記』高祖本紀・留侯世家。

(27)『漢書』ではこの時期の動向をさらに具体的に記す。五月、漢王引兵従故道出、襲雍。雍王邯迎撃漢陳倉。雍兵敗、還走。戦好時、又大敗、走廃丘。漢王遂定雍地。東如咸陽、引兵囲雍王廃丘、而遣諸将略地。……秋八月、……塞王欣、翟王翳皆降漢。（『漢書』高帝紀上）

(28) 例えば吉開将人は「楚漢戦争期から漢初にかけて、項羽の九郡からその南に位置する会稽郡（壮息）を経て、長江沿いに西に向かって臨江国（共敖）にまたがる広大な範囲が、楚漢戦争の末期において項羽の勢力域であった」とする（「漢初の封建と長沙国」『日本秦漢史学会会報』九、二〇〇八、一五四頁）。

(29) 漢五年の諸侯王擁立時の記事として、「詔曰、故衡山王呉芮与子二人、兄子一人、従百粤之兵、以佐諸侯、誅暴秦、有大功、諸侯立以為王。項羽侵奪之地、謂之番君。其以長沙・豫章・象郡・桂林・南海立番君芮為長沙王」（『漢書』高帝紀下）とある。

(30) 漢五年の諸侯王擁立時の記事として、「徙衡山王呉芮為長沙王、都臨湘。番君之将梅鋗有功、従入武関、故徳番君」（高祖本紀）とある。

(31) 辛徳勇は呉芮の封地は楚漢のはざまである種の独立状態にあったとする（「楚漢彭城之戦地理考述」『歴史的空間与空間的歴史—中国歴史地理与地理学史研究』北京師範大学出版社、二〇一三、一二九頁）。

(32) 漢二年、斉王田栄畔楚、項王往撃斉、徴兵九江。九江王布称病不往、遣将将数千人行。漢之敗楚彭城、布又称病不佐楚。項王由此怨布、数使使者誚譲召布、布愈恐、不敢往。（黥布列伝）

(33) 卜憲群は、楚が分封した諸侯に対して項羽は徴兵・廃立与奪など一定の主権を持っていたとする（「"覇天下"：楚的国家結構及其性質」『項羽研究（第一輯）』鳳凰出版社、二〇一一、五四頁）。しかし項羽が兵の供出を要求する例は楚地の王に対する限られたケースにとどまり、王位の恣意的なすげ替えについても王を就国させなかった韓に対して行われているのみである。これらは周辺諸国の反攻に対する場当たり的な動きの中に位置づけられるべき事象であって、項羽が持つ「主権」と理解するのは不適当だろう。

(34)『史記』は、項羽が黥布を討たなかった理由の一つは黥布以外に頼るべき勢力を有さなかったためと解している。

（35）項王方北憂斉・趙、西患漢、所与者独九江王、又多布材、欲親用之、以故未撃。（黥布列伝）
項羽本紀・高祖本紀・黥布列伝の関連記事は以下の通り。
漢之元年四月、諸侯罷戯下、各就国。項王出之国、使人徙義帝、曰、古之帝者地方千里、必居上游。乃使使徙義帝長沙郴県。趣義帝行、其群臣稍稍背叛之、乃陰令衡山・臨江王撃之江中。（項羽本紀）
項羽出関、使人徙義帝。曰、古之帝者地方千里、必居上游。乃使使徙義帝長沙郴県。趣義帝行、群臣稍倍叛之。乃陰令衡山王・臨江王撃之、殺義帝江南。（高祖本紀）
漢元年四月、諸侯皆罷戯下、各就国。項氏立懐王為義帝、徙都長沙、迺陰令九江王布等行撃之。其八月、布使将撃義帝、追殺之郴県。（黥布列伝）
（36）例えば、奥崎裕司『項羽・劉邦時代の戦乱』（新人物往来社、一九九一）一二六頁、堀敏一『漢の劉邦』七五頁。
（37）項羽が「陰かに」義帝を撃つ命を下したとされることは、この紛争が本格的な戦争に至らず義帝の死によって収束し、また義帝は殺害されても義帝直属グループが殲滅されたわけではなく、義帝直属グループメンバーが以後も少なからず生き残ったことを意味するものと思われる。懐王政権の柱国だった陳嬰や同じく令尹だった呂清、司徒だった呂臣が後に漢に従っているのは（高祖功臣侯者年表）、義帝死後における配下集団の動きの一端を示すものだろう。
（38）陳蘇鎮は、六国中最も激烈な反秦戦争を行ったのが楚であったこと、楚以外の国々では民衆の反秦運動は比較的消極的だったことを指摘している（『漢代政治与《春秋》学』第一章第一節、中国広播電視出版社、二〇〇一、「〝天下苦秦〞辨」『両漢魏晋南北朝史探幽』北京大学出版社、二〇一三所収、二〇〇一初出）。
（39）項羽以兵三万破漢兵五十六万。（秦楚之際月表・漢二年四月・西楚）
王伐楚至彭城、壊走。（秦楚之際月表・漢二年四月・漢）
（40）春、漢王部五諸侯兵、凡五十六万人、東伐楚。項王聞之、即令諸将撃斉、而自以精兵三万人南従魯出胡陵。（項羽本紀）
（41）漢王以故得劫五諸侯兵、遂入彭城。項羽聞之、乃引兵去斉、従魯出胡陵、至蕭、与漢大戦彭城霊壁東睢水上、大破漢軍、多殺士卒、睢水為之不流。乃取漢王父母妻子於沛、置之軍中以為質。（高祖本紀）

(42) 辛徳勇『歴史的空間与空間的歴史』一一五～一一八頁。
(43) 佐竹靖彦『項羽』三九四～三九七頁。
(44) 楯身智志『前漢国家構造の研究』二三九～二四一頁。
(45) 佐竹靖彦『項羽』三九六頁。
(46) 辛徳勇『歴史的空間与空間的歴史』一一五～一一六頁。
(47) この点に関しては辛徳勇の理解に従いたい（『歴史的空間与空間的歴史』一一六頁）。
(48) 漢二年、東撃楚、使使告趙、欲与俱。陳余曰、漢殺張耳乃従。於是漢王求人類張耳者斬之、持其頭遺陳余。陳余乃遣兵助漢。漢之敗於彭城西、陳余亦復覚張耳不死、即背漢。（張耳陳余列伝）
(49) 是時呂后兄周呂侯為漢将兵居下邑、漢王間往従之、稍稍収其士卒。至滎陽、諸敗軍皆会、蕭何亦発関中老弱未傅悉詣滎陽、復大振。楚起於彭城、常乗勝逐北、与漢戦滎陽南京・索間、漢敗楚、楚以故不能過滎陽而西。（項羽本紀）
四月、至彭城、漢兵敗散而還。信復収兵与漢王会滎陽、復撃破楚京・索之間、以故楚兵卒不能西。（淮陰侯列伝）
(50) 引水灌廃丘、廃丘降、章邯自殺。更名廃丘為槐里。（高祖本紀）
漢殺邯廃丘。（秦楚之際月表・漢二年六月・雍）
属漢、為隴西・北地・中地郡。（秦楚之際月表・漢二年七月・雍）
(51) 藤田勝久は彭城戦敗北により漢王が「関中を中心とする政権基盤の重要性を悟った」とする（『項羽と劉邦の時代』一六〇頁）。佐々木仁志も劉邦にとっての関中統治の重要性について指摘している（「「義帝約」考」『集刊東洋学』一〇九、二〇一三、一一～一二頁）。
(52) 豹帰、叛漢。（秦楚之際月表・漢二年五月・西魏）
漢敗還、至滎陽、豹請帰視親病、至国、即絶河津畔漢。（魏豹彭越列伝）
漢二年……六月、魏王豹謁帰視親疾、至国、即絶河関反漢、与楚約和。（淮陰侯列伝）
(53) 漢将韓信虜豹。（秦楚之際月表・漢二年九月・西魏）

(54) 属漢為河東・上党郡。（秦楚之際月表・漢二年後九月・西魏）

(55) 漢将韓信斬陳余。（秦楚之際月表・漢三年十月・常山）
漢滅歇。（秦楚之際月表・漢三年十月・代）
漢王乃令張耳与韓信遂東下井陘撃趙、斬陳余・趙王歇。（高祖本紀）

(56) 属漢為太原郡。（秦楚之際月表・漢三年十一月・常山）
属漢為郡。（秦楚之際月表・漢三年十一月・代）

(57) 於是信問広武君曰、僕欲北攻燕、東伐斉、何若而有功。……広武君対曰、方今為将軍計、莫如案甲休兵、鎮趙撫其孤、百里之内、牛酒日至、以饗士大夫醳兵、北首燕路、而後遣弁士奉咫尺之書、暴其所長於燕、燕必不敢不聴従。燕已従、使諠言者東告斉、斉必従風而服、雖有智者、亦不知為斉計矣。如是、則天下事皆可図也。兵固有先声而後實者、此之謂也。韓信曰、善。従其策、発使使燕、燕従風而靡。（淮陰侯列伝）

(58) 使謁者随何之九江王布所、曰、公能令布挙兵叛楚、項羽必留撃之。得留数月、吾取天下必矣。随何往説九江王布、布果背楚。楚使龍且往撃之。（高祖本紀）
漢三年、漢王撃楚、大戦彭城、不利、出梁地、至虞、謂左右曰、如彼等者、無足与計天下事。謁者随何進曰、不審陛下所謂。漢王曰、孰能為我使淮南、令之発兵倍楚、留項王於斉数月、我之取天下可以百全。随何曰、臣請使之。（黥布列伝）

(59) 布身降漢、地属項籍。（秦楚之際月表、漢三年十二月、九江）

(60) 楚囲王滎陽。（秦楚之際月表・漢三年四月・漢）

(61) 漢王軍滎陽南、築甬道属之河、以取敖倉。与項羽相距歳余。項羽数侵奪漢甬道、漢軍乏食、遂囲漢王。漢王請和、割滎陽以西者為漢。項王不聴。（高祖本紀）
其後、楚急攻、絶漢甬道、囲漢王於滎陽城。久之、漢王患之、請割滎陽以西以和。項王不聴。（陳丞相世家）

(62) 王出滎陽。（秦楚之際月表・漢三年七月・漢）
『漢書』高帝紀上では、漢王の滎陽脱出を五月のこととする。

(63) 周苛・樅公殺魏豹。（秦楚之際月表・漢三年八月・漢）

(64) 漢王之出滎陽、入関収兵、欲復東。……出軍宛葉間、与黥布行収兵。（高祖本紀）

漢王之出滎陽、南走宛・葉、得九江王布、行収兵、得入保成皋。（項羽本紀）

(65) 項羽聞漢王在宛、果引兵南。漢王堅壁不与戦。（高祖本紀）

(66) 是時彭越渡睢水、与項声・薛公戦下邳、彭越大破楚軍。項羽乃引兵東撃彭越。（高祖本紀）

(67) 韓王信はいったん項羽の虜となったが、のちに項羽のもとから逃亡して漢に復帰し再び韓王位に就いている。

三年、漢王出滎陽、韓王信・周苛等守滎陽。及楚敗滎陽、信降楚、已而得亡、復帰漢、漢復立以為韓王。（韓信盧綰列伝）

(68) 漢王四年、楚囲漢王滎陽急、漢王遁出去、而使周苛守滎陽城。楚破滎陽城、欲令周苛将。苛罵曰、若趣降漢王。不然、今為虜矣。項羽怒、亨周苛。（張丞相列伝）

周苛らが楚軍の虜となるのは「周苛入楚」（秦楚之際月表・漢四年三月・漢）、「漢御史周苛入楚」（秦楚之際月表・漢四年三月・西楚）とあるように、漢四年三月のこととされる。しかし滎陽は高祖本紀に従うならば成皋包囲以前に陥落しているはずである。四年三月とあるのは周苛が殺害された時期を言うものか。あるいは、滎陽攻防戦が複数回ありそれらが混同されて記述されている可能性もあろう。秦楚之際月表の中には「王出滎陽、豹死」（秦楚之際月表・漢四年四月・漢）との記事もあるが、不詳。なお『漢書』高帝紀では周苛の入楚を漢三年六月の条に記す。

(69) 漢王得韓信軍、則復振。（高祖本紀）

六月、漢王出成皋、東渡河、独与滕公倶、従張耳軍修武。至宿伝舎。晨自称漢使、馳入趙壁。張耳・韓信未起、即其臥内上奪其印符、以麾召諸将、易置之。信・耳起、乃知漢王来、大驚。漢王奪両人軍、即令張耳備守趙地、拝韓信為相国、収趙兵未発者撃斉。（淮陰侯列伝）

淮陰侯列伝には「六月」とあり、上述の過程と時系列的にうまく対応しないが、ここでは基本的には月表の記事に従いつつ本紀の記述を踏まえて仮に事項を排列した。

(70) 是時、彭越渡河撃楚東阿、殺楚将軍薛公。項羽乃自東撃彭越。漢王得淮陰侯兵、欲渡河南。鄭忠説漢王、乃止壁河内。

使劉賈将兵佐彭越、焼楚積聚。（項羽本紀）

漢王得韓信軍、則復振。引兵臨河、南饗軍小修武南、欲復戦。郎中鄭忠乃説止漢王、使高塁深塹、勿与戦。漢王聴其計、使盧綰・劉賈将卒二万人、騎数百、渡白馬津、入楚地、与彭越復撃破楚軍燕郭西、遂復下梁地十余城。（高祖本紀）

漢四年、漢王之敗成皐、北渡河、得張耳・韓信軍、軍修武、深溝高塁、使劉賈将二万人、騎数百、渡白馬津入楚地、焼其積聚、以破其業、無以給項王軍食。已而楚兵撃劉賈、賈輒壁不肯与戦、而与彭越相保。（荊燕世家）

（71）立信王斉。（秦楚之際月表・漢四年二月・漢）

斉王韓信始、漢立之。（秦楚之際月表・漢四年二月・斉）

（72）楚已亡龍且、項王恐、使盱眙人武渉往説斉王信曰、……当今二王之事、権在足下。足下右投則漢王勝、左投則項王勝。項王今日亡、則次取足下。足下与項王有故、何不反漢与楚連和、参分天下王之。今釈此時、而自必於漢以撃楚、且為智者固若此乎。韓信謝曰、臣事項王、官不過郎中、位不過執戟、言不聴、畫不用、故倍楚而帰漢。漢王授我上将軍印、予我数万衆、解衣衣我、推食食我、言聴計用、故吾得以至於此。夫人深親信我、我倍之不祥、雖死不易。幸為信謝項王。（淮陰侯列伝）

（73）漢果数挑楚軍戦、楚軍不出。使人辱之、五六日、大司馬怒、渡兵汜水。士卒半渡、漢撃之、大破楚軍、尽得楚国貨賂。大司馬咎・長史翳・塞王欣皆自剄汜水上。大司馬咎者、故蘄獄掾、長史欣亦故櫟陽獄吏、両人嘗有徳於項梁、是以項王信任之。当是時、項王在睢陽、聞海春侯軍敗、則引兵還。漢軍方囲鍾離眛於滎陽東、項王至、漢軍畏楚、尽走険阻。（項羽本紀）

四年、項羽乃謂海春侯大司馬曹咎曰、謹守成皐。若漢挑戦、慎勿与戦、無令得東而已。我十五日必定梁地、復従将軍。乃行撃陳留・外黄・睢陽、下之。漢果数挑楚軍、楚軍不出、使人辱之五六日、大司馬怒、度兵汜水。士卒半渡、漢撃之、大破楚軍、尽得楚国金玉貨賂。大司馬咎・長史欣皆自剄汜水上。項羽至睢陽、聞海春侯破、乃引兵還。漢軍方囲鐘離眛於滎陽東、項羽至、尽走険阻。（高祖本紀）

（74）楚漢久相持未決……漢王項羽相与臨広武之間而語。項羽欲与漢王独身挑戦。漢王数項羽曰……項羽大怒、伏弩射中漢王。

漢王傷匈、乃捫足曰、虜中吾指。漢王病創臥、張良強請漢王起行労軍、以安士卒、毋令楚乗勝於漢。漢王出行軍、病甚、因馳入成皐。病癒、西入関、至櫟陽、存問父老、置酒、梟故塞王欣頭櫟陽市。留四日、復如軍、軍広武。関中兵益出。（高祖本紀）

(75) 楚数使奇兵渡河撃趙、趙王耳・韓信往来救趙、因行定趙城邑、発兵詣漢。（淮陰侯列伝）

(76) 趙王張耳始、漢立之。（秦楚之際月表・漢四年十一月・常山）

(77) 漢王奪両人軍、即令張耳備守趙地、拝韓信為相国、収趙兵未発者撃斉。（淮陰侯列伝）

(78) 三晋・燕地域の自立志向については本書第二章で言及した。

(79) 漢将韓信破龍且。（秦楚之際月表・漢四年十一月・西楚）
漢将韓信撃殺広。（秦楚之際月表・漢四年十一月・斉）

(80) 信引兵東、未渡平原、聞漢王使酈食其已説下斉、韓信欲止。……遂渡河。斉已聴酈生、即留縦酒、罷備漢守禦。信因襲斉歴下軍、遂至臨菑。斉王田広以酈生賣己、乃亨之、而走高密、使使之楚請救。（淮陰侯列伝）
漢将韓信引兵且東撃斉。斉初使華無傷・田解軍於歴下以距漢、漢使至、迺罷守戦備、縦酒、且遣使与漢平。漢将韓信已平趙・燕、用蒯通計、度平原、襲破斉歴下軍、因入臨淄。斉王広・相横怒、以酈生賣己、而亨酈生。斉王広東走高密、相横走博陽、守相田光走城陽、将軍田既軍於膠東。楚使龍且救斉、斉王与合軍高密。漢将韓信与曹参破殺龍且、虜斉王広。漢将灌嬰追得斉守相田光。至博陽、而横聞斉王死、自立為斉王、還撃嬰、嬰敗横之軍於嬴下。田横亡走梁、帰彭越。（田儋列伝）

(81) 後歳余、漢滅項籍、漢王立為皇帝、以彭越為梁王。田横懼誅、而与其徒属五百余人入海、居島中。（田儋列伝）
九年、……徙貴族楚昭・屈・景・懐、斉田氏関中。（高祖本紀）

(82) 韓信為齊王、引兵詣陳、与漢王共破項羽、而参留平斉未服者。（曹相国世家）

(83) 項王聞淮陰侯已挙河北、破斉・趙、且欲撃楚、乃使龍且往撃之。淮陰侯与戦、騎将灌嬰撃之、大破楚軍、殺龍且。韓信因自立為斉王。項王聞龍且軍破、則恐、使盱台人武渉往説淮陰侯。淮陰侯弗聴。（項羽本紀）

(84) 項羽聞龍且軍破、則恐、使盱台人武渉往説韓信。韓信不聽。(高祖本紀)
(85) 遣張良往立信為斉王、徴其兵撃楚。(淮陰侯列伝)
(86) 漢五(四)年秋、項王之南走陽夏、彭越復下昌邑旁二十余城、得穀十余万斛、以給漢王食。(魏豹彭越列伝)
(87) 項羽自立為西楚覇王、王梁・楚地九郡、都彭城。(高祖本紀)
(88) 太公・呂后帰自楚。(秦楚之際月表・漢四年九月・漢)
(89) 当此時、彭越将兵居梁地、往来苦楚兵、絶其糧食。田横往従之。項羽数撃彭越等、斉王信又進撃楚。項羽恐、乃与漢王約、中分天下、割鴻溝而西者為漢、鴻溝而東者為楚。(高祖本紀)
(90) 是時、漢兵盛食多、項王兵罷食絶。漢遣陸賈説項王、請太公、項王弗聽。漢王復使侯公往説項王、項王乃与漢約、中分天下、割鴻溝以西者為漢、鴻溝而東者為楚。項王許之、即帰漢王父母妻子。軍皆呼万歳。(項羽本紀)
(91) 『漢書』高帝紀上には「北貉・燕人来致梟騎助漢」とある。
(92) 辛徳勇「論所謂〝垓下之戦〟応正名為〝陳下之戦〟」(『歴史的空間与空間的歴史』所収)。佐竹靖彦も基本的にこれに賛同する(『劉邦』四八八～四八九頁)。
(93) 施丁「陳下之戦与垓下之戦」(『中国社会科学院研究生院学報』一九九八年第六期)、「再談陳下之戦」(『中国社会科学院研究生院学報』二〇〇〇年第六期)、「陳下之戦、垓下之戦是両事—与陳可畏・辛徳勇商榷—」(『中国史研究』二〇〇三年第一期)。
(94) 漢王立為皇帝、賜益嬰邑三千戸(樊酈滕灌列伝)。施丁「陳下之戦、垓下之戦是両事」四二頁にも関連する指摘がある。
(95) 漢五年、布使人入九江、得数県。六年、布与劉賈入九江、誘大司馬周殷、周殷反楚、遂挙九江兵与漢撃楚、破之垓下。(黥布列伝)
至彭城、漢敗而還。至下邑、漢王下馬踞鞍而問曰、吾欲捐関以東等弃之、誰可与共功者。良進曰、九江王黥布、楚梟將、与項王有郄。彭越与斉王田栄反梁地。此両人可急使。而漢王之将独韓信可属大事、当一面。即欲捐之、捐之此三人、則楚可破也。漢王乃遣隨何説九江王布、而使人連彭越。及魏王豹反、使韓信将兵撃之、因挙燕・代・斉・趙。然卒破楚者、

此三人力也。（留侯世家）

(96) 曹相国世家には「韓信為斉王、引兵詣陳、与漢王共破項羽」とあり、辛徳勇はこれにより韓信が陳下に参戦したことは確実とする（『歴史的空間与空間的歴史』一六二～一六三頁）。これに関しては、淮陰侯列伝に「召斉王信、遂将兵会垓下」とあり、韓信は陳下の戦いの頃に高祖と合流し、垓下で黥布・彭越を含む全軍の集結が成ったものとみておく。

(97) 高祖置酒雒陽南宮。高祖曰、……吾所以有天下者何。項氏之所以失天下者何。高起・王陵対曰、陛下慢而侮人、項羽仁而愛人。然陛下使人攻城略地、所降下者因以予之、与天下同利也。項羽妒賢嫉能、有功者害之、賢者疑之、戦勝而不予人功、得地而不予人利、此所以失天下也。高祖曰、公知其一、未知其二。夫運籌策帷帳之中、決勝於千里之外、吾不如子房。鎮国家、撫百姓、給餽饟、不絶糧道、吾不如蕭何。連百万之軍、戦必勝、攻必取、吾不如韓信。此三者、皆人傑也、吾能用之、此吾所以取天下也。項羽有一范増而不能用、此其所以為我擒也。（高祖本紀）

(98) 誅籍。（秦楚之際月表・漢五年十二月・西楚）

(99) （陳嬰）属漢、定豫章、浙江、都浙自立為王壮息、侯千八百戸。（高祖功臣侯者年表・堂邑）

(100) 使騎将灌嬰追殺項羽東城、斬首八万、遂略定楚地。（高祖本紀）

(101) 漢王因使劉賈将九江兵、与太尉盧綰西南撃臨江王共尉。共尉已死、以臨江為南郡。（荊燕世家）
漢五年冬、以破項籍、迺使盧綰別将、与劉賈撃臨江王共尉、破之。（韓信盧綰列伝）
別定江陵、降江陵柱國・大司馬以下八人、身得江陵王、生致之雒陽、因定南郡。（傅靳蒯成列伝）
天下大定、高祖都雒陽、諸侯皆臣属。故臨江王驩為項羽叛漢、令盧綰・劉賈囲之、不下。数月而降、殺之雒陽。（高祖本紀）

(102) 臨江王驩始、敖子。（秦楚之際月表・漢三年八月・臨江）

(103) 漢虜驩。（秦楚之際月表・漢五年十二月・臨江）
属漢、為南郡。（秦楚之際月表・漢五年正月・臨江）

(104) 項王已死、楚地皆降漢、独魯不下。漢乃引天下兵欲屠之、為其守礼義、為主死節、乃持項王頭視魯、魯父兄乃降。始、

楚懐王初封項籍為魯公、及其死、魯最後下、故以魯公礼葬項王穀城。(項羽本紀)

(105) 項羽死後の楚漢戦争及びその戦後処理に関しては、吉開将人「漢初の封建と長沙国」一五三〜一五六頁にも言及がある。

(106) 楯身智志は垓下戦への張敖・臧荼の参戦を示す史料が存在しないことを指摘する(『前漢国家構造の研究』二八九頁)。

(107) 王位に就いた者たちの中で唯一戦国王権との連続性を見出し得るのは、「故韓襄王孽孫」(韓信列伝)とされる韓王信である。しかし韓王信は韓王室と無関係ではなかったが、さして強い正統性をもった王とは認識されなかったようである。韓回復を目論んだ活動を続けていた張良が韓王信を支援するような動きを見せていないことはその一傍証となろう。

(108) 漢五年、既殺項羽、定天下、論功行封。群臣争功、歳余功不決。(蕭相国世家)
(六年)上已封大功臣二十余人、其余争功、未得行封。(『漢書』高帝紀下)

(109) その結果、漢初の官僚制も上下の緊密な結びつきを欠いたものとなっていた。福永善隆は、前漢初期の官僚機構に上層と下層の別があり、「支配者階層が十分に下部の官僚機構に根付いたものではなかった」ことを指摘する(「前漢前半期における清静政治の一背景―官僚機構の構造を中心として―」(『九州大学東洋史論集』四二、二〇一四、一一頁)。

終章

本書では、秦末楚漢戦争期における民衆反乱集団の性格とその背景に関する検討を行い、当該時期における政治的過程の再構成を試みた。以下、本書の結論を要約しておこう。

（1）厳格な法治国家とみなされがちな秦帝国は、唯一性を特徴とする理念的政策と、その支配の網の目に包摂されない大量の空間・人間から成り立っていた。そしてそのような空間的・人的条件が秦末に頻発する抵抗運動の基盤となった。

（2）秦末に発生した諸反乱は、地域の人々が何らかの意味で優れた人格の周りに結集して開始される「地域」の反乱という傾向が強かった。その中で陳勝・呉広の乱は地域性の希薄さにおいて例外的な性格を持ち、同時期の反乱の中では特殊な拡大傾向を見せた。そして陳勝集団の短期間での急速な拡大が戦国七雄並立体制回復のきっかけを作ることになった。

（3）楚漢戦争期の史実を復元するための基本資料たる『史記』は、天下の支配者だったわけではなかった項羽の本紀を立てることで項羽の特別性を表現しており、また項羽と劉邦を主役化して対極的に位置付ける立場から歴史像の構築を行っている。

（4）懐王の約は本来、関中王獲得の可能性を示唆することで楚軍を鼓舞しようとするスローガンに類するものだった。しかしそれは、対秦戦における第一の功績を項羽に帰すことを拒否する懐王の意志によって、結果的に対秦戦の功績評価に強い影響を及ぼすことになった。

(5)項梁集団は陳勝集団の一翼として楚の復興に貢献し、楚王擁立の中心となった。項梁死後は項羽がクーデターによって楚の主力軍を掌握、さらには旧六国連合軍を統括することになり、秦を最終的に滅ぼすに至った。しかし項羽を秦に代わる天下の支配者と考えることはできず、十八王封建も項羽自身が楚懐王政権から自立するための政策と見るべきである。また項羽による分封は、秦を滅ぼした六国連合軍の解体と、戦国諸国の細分化による諸国軍事力の小規模化を引き起こし、そのことが当時において必ずしも傑出した軍事力の保有者ではなかった漢の躍進を可能とした。

(6)劉邦が諸侯の盟主と成り得た条件は以下のように整理される。

i．項羽の分封によって王となった者たちの中で、漢は王の本来の出自と全く無関係な極端に遠い土地に封じられた唯一の勢力であって、そのことを一因として、漢は二十国中例外的に極端な侵略的性格を有する政権となったこと。

ii．彭城の戦い以後に本拠地がほとんど戦場にならず安定した体制構築が可能だった数少ない政権の一つが漢だったこと。

iii．秦末動乱と楚漢戦争の過程で戦国期以来の伝統的王権がすべて没落し政局から排除されたため、圧倒的権威を有する王位候補者の不在状況が生じたこと。その結果入秦の先駆け、懐王の約の履行者として明解な功績を有すると認識された劉邦が諸侯の盟主に浮上することになったこと。(1)

漢帝国成立以後のことは本書のテーマである漢帝国成立直前までの政治過程とは別に論じられるべきだろう。最後に漢初〜前漢前半期に向けての若干の見通しを述べることで本書の結びとしたい。

楚漢戦争の過程で戦国以来の王位候補者の多くが淘汰され、軍事的には必ずしも最有力者ではなかった漢が諸王の盟主に浮上した。その結果、他を圧倒し得る伝統的権威や軍事的優越性を自らが有していない状況下での天下平定状態へのソフトランディングこそが劉邦＝漢政権の切実な課題となった。最初期の漢の皇帝は他の諸侯を圧倒するような政治的権限・軍事力など有しておらず、劉邦の皇帝即位も、儀式の詳細すらも伝わらない、盟主的地位の確認作業に類するものだった。そして漢は、戦国七雄並立体制の大枠を継承しつつ、その王に当てはめるために戦国王家の末裔を探すようなことはせず、漢と関係の深い有力者たちを中心に王を立てた。いわば漢とその同盟者たちは、既存の枠組みをそのままにして、その最上層部のみを人的に乗っ取ってゆく方針を採ったのである。

ここでいう「既存の枠組み」には二つの意味がある。第一の枠組みは、秦によって確立された制度的枠組みである。漢は秦本土攻略時以来、秦制護持方針を採り、秦王権から多くの制度的遺産を継承した。自前の官僚群なしに秦地で政権構築を開始した漢にとって、秦制の継承は極めて穏当な選択肢となった。[2]

第二の枠組みは、戦国時代の「国」である。[3] 大枠としては二百年以上続いた戦国七雄並立体制は当時の人々にとって自明の、いわば伝統的な体制だった。換言すれば、戦国末～漢初の中国において広汎に意識された「伝統的」な体制は、戦国諸国の並立体制以外にあり得なかった。そして戦国時代の「国」の枠組みに対する対応は、この時期の反秦抵抗運動が肥大し政治的権力を掌握した時に必然的に目前に立ち現れてくる普遍性を持った課題だったのである。

秦帝国による統一は一時的な武力制圧という性格が強く、反秦抵抗運動の勃興は短期間での戦国七雄並立体制の復活に帰結している。項羽政権による分封体制もほとんど機能することなく戦国七雄並立に類似する体制に転化した。

統一秦・項羽政権が戦国七雄並立体制を破壊する志向を示したのに対し、劉邦は皇帝即位後も全土郡県化は行わず諸侯王を各地に擁立し、諸侯王国領域の分割の程度は項羽政権の場合に比べてゆるやかだった。楚・魏・斉という三つの戦国国家の狭間から生まれてきた民間勢力の長である劉邦は、強い地域的特性を持たない集団を長年率いてその傘下に様々な地域の出身者たちを従えていたが故に、諸地域の特性や各地の人間がもつ地域的アイデンティティをよく理解していたのではないか。漢初の諸侯王体制において、分権的性格の強かった旧楚領域が当初から戦国楚領域を分割するかたちで諸侯国化されたことはその傍証のように思われる。

近年指摘されている漢初国家の特質としての皇帝と諸侯王による天下共有体制(4)は、以上のような二つの枠組みに規定されて成り立っている。最初期の漢は、領域的には戦国秦のそれを継承し、制度的にも秦制を踏襲しつつ、統一秦の領域的枠組みを戦国七雄並立体制に準ずる形で分割することで成立した。漢初における統一とは、劉邦をとりあえず王集団のリーダーと認め、天下をその時点で友好関係のある有力者たちで分け合ったものと理解されるのである。

しかしそのような成立事情を持つ王朝であるために、漢帝国においては中国全土に対する支配はなかなか確立しない。漢初期の支配体制とは、第六章末でも述べたように、秦末～楚漢戦争期の動乱の中で既に半壊状態になっていた政治的システムの大枠を借りて最上層を乗っ取っただけのものなのである。初期漢帝国の支配の実態は精密な制度による高密度の民衆支配などではあり得ない。漢初の自由放任政策とは政権が十分な社会管理能力を有さないことの言い換えに過ぎない。前漢前半期には民衆表彰がしきりに行われて善行者の登用が制度化され、それは武帝期の孝廉察挙の制に帰結する。その背景には、善行者による社会的教化を期待するよりないような状況の普遍的存在があった。そして、秦末漢初人にとっての伝統的体制たる戦国七雄並立体制が解体・変容するまでには、まだ長い時間を必要とした。

漢初〜前漢前半期における漢政権の政治的模索の過程については、諸侯王対策、対匈奴政策、黄老思想から儒学への思想的モードチェンジなど多くの論点があるが、これらについては全て他日を期さねばならない。

終章 註

（1）なお付言するならば、これらは漢が諸侯の盟主となり天下平定の主体として振る舞うことを可能とした条件であって、楚漢戦争における漢の勝利や、漢による統一の必然性を説明するものではない。楚漢戦争末期まで、項羽と劉邦の間に明確な優劣はついていなかったと考える。

（2）最初期の漢政権における政策の基調が既存枠組みの模倣・踏襲だったことについては、柴田昇「最初期漢王朝の一性格」（『愛知江南短期大学紀要』四六、二〇一七）。

（3）松島隆真「陳渉から劉邦へ―秦末楚漢の国際秩序―」（『史林』九七―二、二〇一四）は、統一秦以前の枠組みとしての国際秩序に注目して秦末楚漢戦争期を検討する。

（4）阿部幸信は「漢初、諸侯王は漢の「外」にあり、それらが漢と並んで「天下を共有する」ことが「天下安定」の状態であると考えられていた」とする（「漢初「郡国制」再考」『日本秦漢史学会会報』九、二〇〇八、七四頁）。

後記

本書は書下ろしの第一章第一節を除いて、二〇一一～六年に公表した既発表論文を下敷きにしている。旧稿と各章との関係は以下の通り。

「陳勝論ノート―陳勝呉広の乱をめぐる集団・地域・史料―」（『名古屋大学東洋史研究報告』三五、二〇一一）
→第二章

「秦末の抵抗運動」（吉尾寛編著『民衆反乱と中華世界―新しい中国史像の構築に向けて―』汲古書院、二〇一二）
→第一章、第二章

「『史記』項羽本紀考」（『愛知江南短期大学紀要』四二、二〇一三）
→第三章

「項羽政権の成立」（『人文論集』六三―二、静岡大学人文社会科学部、二〇一三）
→第四章・終章

「劉邦集団の成長過程」（『海南史学』五一、二〇一三）
→第五章・終章

「楚漢戦争の展開過程とその帰結（上）」（『愛知江南短期大学紀要』四四、二〇一五）
→第六章

「楚漢戦争の展開過程とその帰結（下）」（『愛知江南短期大学紀要』四五、二〇一六）
→第六章

一書にまとめるにあたり全篇にわたって改稿し、少なからぬ箇所で初出時の見解を改めている。それによっていくつかの明白な誤りを正すことができたが、それでもなお不十分な点は多いだろう。読者のご教示を乞うものである。

なお本書の元となった諸論文は、二〇〇七～二〇一〇年度科学研究費補助金（基盤研究（A））「日本・中国・台湾の研究者による中国民衆運動の史実集積と動態分析」プロジェクトへの研究分担者としての参加をきっかけとして執筆された。このプロジェクトでは三回の現地調査に参加し、その一部は調査記録として公表している（「観光資源としての中国古代民衆運動」『観光＆ツーリズム』一〇号、二〇一〇）。現地調査などでご一緒することになった諸先生の教えが無ければ、本書は到底成立し得なかった。研究代表者の吉尾寛先生（高知大学）、唐代以前班総括担当の葭森健介先生（徳島大学）をはじめとする先生方に厚く感謝申し上げたい。

筆者がはじめて学術雑誌に論文を掲載してから二十五年の月日が流れた。自分の愚鈍さと歩みの遅さには嘆息せざるを得ないが、何とか本書を仕上げることができたのは、この間にいただいた多くの方々の励ましとご支援のおかげである。静岡大学人文学部では重近啓樹先生、今井駿先生、名古屋大学大学院文学研究科では江村治樹先生、森正夫先生、重松伸司先生、伊藤宏明先生のご指導を得ることができ、宇野茂彦先生（中国哲学）の演習にも参加を許していただいた。名古屋大学大学院では、三田昌彦先生（名古屋大学）、戸田裕司先生（常葉大学）、伊藤正彦先生（熊本大学）、佐藤直人先生（鹿児島ラ・サール高校）、大田由紀夫先生（鹿児島大学）らの諸先輩からも、仲山茂氏、丸本広志氏、飯田祥子氏らの後輩諸氏からも、多くの教えを賜り続けてきた。

また本書の原型となったのは、二〇一一年夏に静岡大学人文学部で、二〇一二年夏に高知大学人文学部でそれぞれ行った集中講義である。まだ全体像の出来上がっていなかった秦末楚漢戦争史を集中講義という形でまとめて述べる機会を持てたことは、勤務先では東洋史関係の講義・演習を持っていない筆者にとって、この上なく貴重な経験となった。静岡大学に呼んで下さった恩師重近啓樹先生、高知大学に呼んで下さった大櫛敦弘先生に、また拙い講義にお付き合いいただいた学生の皆さんに、感謝の意を表したい。なお重近先生は、筆者が集中講義にうかがった二カ月後に逝去された。集中講義の折に、民衆反乱はまだまだ可能性のあるテーマだよ、との励ましのことばをいただいたのは今でも耳に残っている。先生に本書をご覧いただけなかったことはただただ無念で、自分の仕事の遅さを悔やむばかりである。

さて現在筆者は、愛知江南短期大学こども健康学科保育専攻のスタッフとして保育者養成に関わっている。二〇一一年度より飛び込んだ全く畑違いの分野で、当初は大いに戸惑ったが、歴史学とは異なった分野に深く関わることは、関心のあるごく狭い問題に閉じこもりがちだった自分自身の視野をいくらか広げてくれたように感じている。二〇一二年度からは思いがけず保育専攻の総責任者をつとめることになり、二〇一五年度には全国保育士養成協議会中部ブロックセミナーの事務局長を拝命することになるなど、本書の元となった文章を執筆していた時期は慣れない業務に追われて非常に多忙だった。そのような中でも精神的な安定を保ち校務と執筆をまがりなりにも進め続けることができたのは、当時の愛知江南短期大学の良好な人間関係と働きやすい環境のおかげである。頼りない長を支えてくれた専攻スタッフをはじめとする教職員の皆様に、そしてともに学んだ短大生諸君に、厚く感謝申し上げねばならない。

本書の作成にあたっては東晋次先生（三重大学名誉教授）のご助言を賜った。編集作業等では白帝社の伊佐順子さんにご尽力いただいた。『漢帝国成立前史』を書いた以上、次の目標は『漢帝国史』を書くことでなくてはならないが、筆者の能力と筆者に与えられた時間がそれを許すかどうか、現時点ではわからない。ただこれからも細々とでも歴史を学ぶ営みを続けたいとは願っているので、今しばらく自分のできる範囲で努力を続けてゆくつもりである。

最後に本書は、筆者を我慢強く見守り続けてくれた両親に、そして二〇一三年に道半ばにしてこの世を去った弟・誠に捧げられる。

二〇一七年十一月二十八日　愛知江南短期大学の研究室にて

柴田　昇

研究者名索引

【ア行】

【カ行】

【サ行】

【タ行】

【ナ行】

【ハ行】

【マ行】

【ラ行】

【ワ行】

秦末楚漢戦争期月表

二世元年 （前 209 年） 七月	・陳勝呉広の乱発生。陳にて即位。【張楚の成立】
八月	・葛嬰が襄彊を楚王に立てる。 ・武臣が自立して趙王となる。【趙の復活】
九月	・葛嬰が襄彊を殺害。　・周文軍が戯に進出し、敗戦。 ・会稽郡で項梁蜂起。　・韓広、燕王となる。【燕の復活】 ・沛公劉邦の蜂起。
二世二年 （前 208 年） 十月	・陳勝により葛嬰誅殺。 ・田儋、狄令を殺し、斉王となる。【斉の復活】
十一月	・周文死亡。　・李良による武臣殺害。
十二月	・陳勝死亡。　・魏咎、魏王となる。【魏の復活】 ・雍歯が沛公劉邦に反し豊を制圧。
端月	・秦嘉により楚王景駒立つ。　・張耳・陳余により趙王歇立つ。 ・項梁軍の西進開始。
二月	・項梁軍と陳嬰・黥布合流。
三月	
四月	・項梁、景駒・秦嘉を殺し薛に入る。十万余の軍となる。 ・沛公、項梁より兵を借り、豊を奪回。
五月	
六月	・楚懐王の擁立。【楚の統一・復活】 ・魏咎自殺。　・韓王成立つ。【韓の復活】
七月	・陳嬰、楚の柱国となる。　・斉王田仮立つ。魏豹、東阿に走る。
八月	・斉王田市立つ。
九月	・章邯が定陶で項梁を殺害。　・懐王が都を彭城に遷す。 ・魏豹が魏王となる。
後九月	・秦軍が鉅鹿を包囲。 ・懐王の約宣布。楚軍、宋義を上将軍として趙に出兵。
二世三年 （前 207 年） 十月	・章邯、邯鄲を破り、その民を河内に徙す。 ・斉将田都、燕将臧荼、救趙戦へ。
十一月	・項羽が宋義を殺害、楚の上将軍となる。
十二月	・田安・魏豹、救趙戦へ。 ・項羽軍が秦軍を破る。

端月	
二月	
三月	・沛公劉邦、秦将楊熊を破る。
四月	
五月	
六月	
七月	・項羽と章邯が盟を結び、章邯、雍王となる。
八月	・趙高、二世皇帝を殺害。　・沛公劉邦、武関を破る。
九月	・子嬰、秦王となる。
漢元年（前206年）十月	・秦王子嬰、沛公劉邦に降る。 ・項羽、四十余万を率いて、張耳・魏豹らとともに入関。
十一月	・項羽、秦の降卒二十万を新安で生き埋めにする。
十二月	・項羽、秦王子嬰を殺害し、咸陽を焼く。【秦王家滅亡】
正月	・十八王の分封。
二月	
三月	
四月	・諸侯就国
五月	・この頃田栄による陳余支援。　・田栄、田都を撃つ。
六月	・田栄、斉王を称す。　・田栄が田市殺害。
七月	・項羽、韓王成を殺す。　・田栄が田安殺害。【斉統一】
八月	・漢の三秦進出。塞王欣、翟王翳、国除。章邯廃丘を守り、漢が包囲。 ・項羽が鄭昌を韓王に立てる。 ・臧荼、韓広を撃ち無終で滅ぼす。【燕統一】
九月	・塞、渭南・河上郡となる。 ・翟、上郡となる。雍王章邯の抵抗は続くが、漢は旧秦をほぼ制圧。 ・この頃、田栄により彭越に将軍印が与えられる。
漢二年（前205年）十月	・韓王昌、漢に降る。 ・陳余に敗れ、張耳が漢に降る。歇、再び趙王に。 ・義帝殺害。【旧楚王家滅亡】
十一月	・漢が韓王信を立てる。【韓王擁立】 ・河南が漢に属し河南郡となる。
十二月	・趙王歇が、陳余を代王とする。【陳余が実権を握り趙・代一体の統治】 ・この頃項羽が黥布に出兵を要求、黥布は病として数千を送るのみ。

正月	・漢、北地攻略。 ・対項羽戦で田栄敗走、平原の民に殺害。
二月	・項羽はもとの斉王田仮を斉王に。
三月	・漢王、殷を撃つ。殷、漢に降り、殷王印、廃される。 ・西魏、漢に降る。 ・魏王豹立つ。彭越が魏相国。【魏王擁立】 ・田栄の弟田横、城陽で反し、田仮を討つ。田仮は楚に走るが、殺害される。
四月	・殷、河内郡となる。　　・田横が栄の子田広を斉王に。
漢二年 四月	・彭城の戦い。項羽三万で漢五十六万を破る。漢王、彭城で敗れ壊走。 ・塞王欣、翟王翳が楚に降る。この頃、陳余、楚と和す。
五月	・漢王、滎陽に走る。　　・魏豹帰国、漢に叛く。
六月	・項羽の進撃、滎陽の南、京・索の間あたりで止まる。 ・漢王入関、太子を立てる。再び滎陽へゆく。 ・漢軍、章邯を殺害。
七月	・雍が漢に属し、隴西・北地・中地郡となる。【旧秦統一】
八月	・この頃漢は甬道を築き、敖倉の粟を取る。
九月	・韓信、魏豹を虜にする。
後九月	・西魏、漢に属し、河東・上党郡となる。　　・韓信、代を破る。
漢三年 （前 204 年） 十月	・漢軍、陳余殺害、趙王歇を滅ぼす。【旧趙王家滅亡】
十一月	・常山、漢に属し太原郡となる。　　・代、漢に属し郡となる。
十二月	・黥布、漢に降る。黥布の支配領域は項羽に属す。
正月	
二月	
三月	・三年に項羽による漢甬道侵奪。漢王は講和を望むも項羽は拒否。反間の計で范増失脚。 ・この頃、項羽の甬道攻撃。
四月	・項羽、漢王を滎陽に囲む。
五月	
六月	
七月	・漢王、滎陽を出る。 ・この頃、漢王、関中撤退。そののち宛・葉の間に進出。黥布と兵を集める。 ・項羽の宛包囲。漢王壁中に退避。 ・臨江王共敖、薨去。

八月	・周苛・樅公が魏豹殺害。【旧魏王家滅亡】 ・この頃、彭越が東阿・下邳を攻める。項羽は東に移動して彭越を討つ。項羽が東に移動したため、漢王は成皐へ。 ・共驩、臨江王となる。
九月	・この頃、項羽が再び西へ、滎陽攻略。さらに漢王のいる成皐を包囲。 ・漢王、成皐を脱出し修武へ。韓信らの軍を吸収。
漢四年（前 203 年）十月	・この頃、漢王と項羽は滎陽で対峙。項羽が再び対彭越戦のため東へ。 ・漢、項羽不在の楚軍を破り、大司馬咎ら死す。滎陽の東で鍾離眛を包囲しようとし、項羽が戻ったため陣中に引っ込む。
十一月	・張耳、漢により趙王となる。 ・韓信が田広、龍且殺害。
十二月	・斉、漢に属し郡となる。【旧斉王家没落】
正月	
二月	・彭越軍、梁地で楚兵を苦しめ、食料を断つ。この頃、田横は彭越のもとに身を寄せる。 ・韓信、斉王となる。
三月	
四月	
五月	
六月	
七月	・英布、漢により淮南王となる。
八月	
九月	・この頃鴻溝の和睦。太公・呂后、楚より帰る。
漢五年（前 202 年）十月	・この頃固陵で項羽が漢を破る。
十一月	・この頃漢が陳下で項羽を破る。 ・この頃彭越軍、韓信軍、黥布・楚大司馬周殷軍が漢に合流。
十二月	・垓下の戦い。項羽誅殺。 ・漢、臨江王共驩を虜にする。
正月	
二月	・劉邦、皇帝に即位。

著者略歴

柴田　昇（しばた　のぼる）
1966年鳥取市生まれ。静岡大学人文学部卒業。名古屋大学大学院文学研究科博士後期課程単位取得退学。博士（歴史学）。日本学術振興会特別研究員（PD）、愛知江南短期大学准教授を経て現在、同教授。

主要業績

共著書：『民衆反乱と中華世界』（吉尾寛編、汲古書院、2012）

論文：「『商君書』の歴史的位置」（『史林』79－1、1996）、「黄老・道家・諸子百家―「黄老」像再考のためのノート―」（『名古屋大学東洋史研究報告』25、2001）、「劉向『列女伝』の世界像―前漢後期における秩序意識と性観念の一形態―」（『血縁関係・老人・女性―中国古代「家族」の周辺―（名古屋中国古代史研究会報告集1）』名古屋中国古代史研究会、2010）、「曹娥と「孝」―後漢時代の「孝」に関する断章―」（『愛知江南短期大学紀要』41、2012）

漢帝国成立前史　秦末反乱と楚漢戦争

2018年3月 5 日　初版1刷印刷
2018年3月20日　初版1刷発行

著　者　柴田　昇
発行者　佐藤康夫
発行所　株式会社　白　帝　社

〒171-0014　東京都豊島区池袋2-65-1
TEL 03-3986-3271　FAX 03-3986-3272
E-mail: info@hakuteisha.co.jp
http://www.hakuteisha.co.jp

装　丁　唐　涛
印刷・製本　倉敷印刷株式会社

ISBN 978-4-86398-323-6